BIBLIOTHÈQUE DE GÉOGRAPHIE ET VOYAGES

ANDRÉ MAUREL

PETITES VILLES D'ITALIE

II

ABRUZZES — POUILLES — [illegible]

[illegible]
[illegible] — CASTEL DEL MONTE — [illegible]
[illegible] — PAESTUM — [illegible]
AMALFI — SORRENTE — CAPRI — [illegible]
CASERTE — CAPOUE — [illegible]

SEPTIÈME ÉDITION

LIBRAIRIE HACHETTE

PETITES
VILLES D'ITALIE

III

OUVRAGES DU MÊME AUTEUR

LIBRAIRIE HACHETTE

PETITES VILLES D'ITALIE. 4 vol. in-8 carré.

Ire SÉRIE. TOSCANE, VÉNÉTIE. Un vol.
Couronné par l'Académie Française.
(Prix Marcelin GUÉRIN)

IIe SÉRIE. ÉMILIE, MARCHES, OMBRIE. Un vol.

IIIe SÉRIE. ABRUZZES, POUILLES, CAMPANIE. Un vol.

IVe SÉRIE. CALABRE, SICILE. Un vol.

Chaque volume, broché. . . . 6 fr. »

PAYSAGES D'ITALIE. 2 volumes in-8 carré.

Ire SÉRIE. DE FLORENCE A NAPLES. Un vol.

IIe SÉRIE. DE MILAN A ROME. Un vol.

Chaque volume, broché. . . . . 6 fr. »

UN MOIS A ROME. Un volume in-8 carré, br. 6 fr. »

UN MOIS A ROME. Un volume illustré de 152 gravures et de 3 plans.

QUINZE JOURS A NAPLES. Un volume illustré de 124 gravures et de 16 plans.

QUINZE JOURS A FLORENCE. Un volume illustré de 125 gravures et de 16 plans.

QUINZE JOURS A VENISE. Un volume illustré de 130 gravures et de 16 plans.

Chaque volume in-16, cart. toile. . 12 fr. 50

L'ENSEIGNE DE GERSAINT. Un volume in-8, illustré de 10 planches, broché.. . . . 5 fr. »

L'ART DE VOYAGER EN ITALIE. Un volume in-8 carré, broché. . . . . 6 fr. »

BIBLIOTHÈQUE DE GÉOGRAPHIE ET VOYAGES

ANDRÉ MAUREL

PETITES VILLES D'ITALIE

III

ABRUZZES - POUILLES - CAMPANIE

AQUILA — FOGGIA — LUCERA — BARLETTA — TRANI — CASTEL DEL MONTE — BARI — LECCE — TARENTE — PAESTUM — SALERNE — RAVELLO — AMALFI — SORRENTE — CAPRI — POMPEI — CASERTE — CAPOUE — MONT-CASSIN, ETC., ETC.

SEPTIÈME ÉDITION

LIBRAIRIE HACHETTE
79, BOULEVARD SAINT-GERMAIN, PARIS
1920

A MONSIEUR GIUSTINO FORTUNATO,

SÉNATEUR DU ROYAUME D'ITALIE,

et

A MONSIEUR ÉMILE BERTAUX,

PROFESSEUR A L'UNIVERSITÉ DE LYON,
DIRECTEUR D'ÉTUDES A L'INSTITUT FRANÇAIS DE FLORENCE,

Sans l'aide et les travaux desquels
l'Italie méridionale eût été fermée
à leur ami reconnaissant

A. M.

PETITES
VILLES D'ITALIE

I

LES DEUX ITALIES

Aquila.

Il y a deux ans, un brave homme qui voyageait depuis Berlin, d'où il venait, avec des tranches de Burckhardt dans toutes ses poches, et que je rencontrai dans l'avenante Foligno, me dit :

— Quand vous reviendrez, n'oubliez pas Aquila !

— Est-elle si *gemütlich* ?

Et je rougis de ma banalité. Car l'effet est immanquable. Jamais un Allemand n'a résisté à ce mot prononcé par des lèvres étrangères. Il vous aime tout de suite, rien qu'à vous entendre proférer ces syllabes douces à son cœur, et dont aucune langue ne peut traduire le sens intime et plaisant. J'obtins donc mon succès, puni par où j'avais péché. Et tout de suite, entraîné dans les jardins de la riante cité ombrienne, je dus entendre le dithyrambe sur la ville fondée par Frédéric II. Je savais bien que les Allemands ont un faible pour ce prince, en qui ils honorent le petit-fils de Barberousse, et en qui ils négligent le petit-fils — car, enfin! on a toujours deux grands-pères — de Roger-le-Normand. Henri VI, lui-même, fils de Barberousse et père de Frédéric, savait que son successeur n'avait rien de son sang. Il l'appelait « le fils du boucher de Iesi », sans illusion sur la fidélité de sa femme Constance, fille de Roger II. Les Allemands n'admettent jamais qu'une épouse d'empereur puisse être infidèle. Et c'est très bien; on douterait alors de tout. Je savais tout cela. Mais j'aimais aussi Frédéric II : des raisons contraires nous mettaient, au bout, d'accord, mon Allemand et moi. Je promis solennellement de me rendre bientôt à Aquila. Revenu cette année à Foligno, en ce centre ombrien d'où tout est facile à visiter, où je m'attarde pour monter encore à Trevi dont le Spagna est la maîtresse œuvre de ce grand maître, et pour voguer sur les sources du Clitumne dans la tendresse du printemps, revenu cette année à Foligno, je me décide à gagner les Pouilles par le détour d'Aquila. Spolète, Terni sont aussi sur ma route, cette route qui ne franchit pas moins que les Apennins à leur crête, à la ligne de partage des eaux de la Méditerrannée et de l'Adriatique. Les sources du Velino et de l'Aterno se touchent près de Corno, et les neiges alimentent impartialement les deux versants.

Car les hautes vallées sont encore sous la neige. J'ai quitté Spolète tous bourgeons éclos et toutes fleurs épanouies. Quelques heures après, le train roulait sur un tapis blanc, épais de trente centimètres. Aussitôt Terni franchie, la voie commence à monter, et elle montera ainsi pendant cinq heures pour descendre alors la vallée de l'Aterno, qui nous déposera au pied du rocher sur lequel Aquila a bâti son nid. Ce ne sont point, certes, toutes les Abruzzes que l'on traverse ainsi. C'en est, du moins, la partie la plus importante, la plus pittoresque. Pour gagner le cours du haut Velino sans détour, il faudrait un ascenseur, puisque, mes compagnons aux cascades de Terni le savent, le Velino, agacé de tant de zigzags, a trouvé plus simple de se jeter du haut de deux cents mètres dans le lit de la Nera. C'est bien plus expéditif, et les amateurs de cataclysmes se félicitent. Ces deux cents mètres-là, le train serait encore capable, cela s'est vu, de les sauter à la descente. Mais de bas en haut, il ne peut que les tourner. Il le fait bravement, et, lorsqu'il arrive à la station des cascades, il semble tout fier de son effort, et enchanté de sa subtilité.

Je me hâte de l'en féliciter, tandis que j'entends le grondement des cascades et vois s'élever le panache des eaux en poussière. Ah ! ce Velino, comme il est sournois ! Au milieu de ce beau cirque de montagnes douces, dans cette plaine jolie, gracieuse et molle, il paresse et invite à se confier à son onde. Déjà cependant, il médite son saut, et, le lac de Piediluco, n'est-ce pas lui qui se rassemble pour bondir ? La voie contourne le lac, ancien cratère certainement, et pénètre dans la montage qui se fait peu à peu plus sèche, plus rocheuse. A Rieti, nous voici déjà à quatre cents mètres, et les deux mille du Terminillo, coiffé de neige, commencent à nous verser quelque fraîcheur. C'est une belle vallée encore, la dernière, que commande Rieti, la vieille ville sabine qui ne brille plus que de souvenir. Le Capitole dut leur paraître bien mesquin, aux enfants de Rieti ! Et les montagnes d'Albe bien faciles à prendre. Ce furent eux, pourtant, qui furent pris : la seule mémoire d'Albe-la-Longue est plus forte que les pierres de la toujours vivante Rieti. Le bourg s'abaisse peu à peu sous le train qui monte toujours, franchissant ravins et perçant montagnes. On tourne sur soi-même, en spirale, à travers les chênes dont les branches fouettent les portières, en balcon au-dessus de la gorge où Antrodoco tend le dos, pour nous recevoir si nous tombions. Il y a longtemps déjà que les douceurs de Rieti nous ont fuis. L'âpreté de cette nature abruzzienne est extrême. C'est un tohu-bohu inexprimable. La nature est une personne très désordonnée. Les hommes eux-mêmes ont renoncé à la ranger. Et je constate, une fois de plus, combien c'est bête, une montagne. Pour rien, pour le seul plaisir de tenir de la place, ça oblige le pauvre petit train, si vaillant pourtant, à se contenter de vingt kilomètres à l'heure. A chaque instant, il faut s'arrêter, tourner, virer, revenir sur ses pas, au milieu des masses calcaires que les chèvres elles-mêmes renoncent à brouter. Le Velino nous mène toujours ; le remonter est notre but. Mais pourquoi faire ! Les rochers sont entassés, invraisemblablement mêlés, cohue indescriptible que personne ne démêle jamais, chavirés les uns par-dessus les autres, se bousculant comme un troupeau d'oies. Et d'oies toutes déplumées. C'est un désert sans nom ; tout au plus le Velino fait-il naître sur ses bords quelque verdure dont un maigre bétail se contente. A peine les pentes s'indiquent-elles, que, au-dessus de deux ou trois rangées de vigne ou d'oliviers, le rocher se montre tout nu ; et il n'est pas beau. Car ici, il n'a pas de grandeur, pas de lignes nobles, mais des profils courts, bas, secs, coupés à chaque instant. La troupe, non seulement a rompu les rangs, mais encore elle se querelle. Ce ne sont pas les profonds horizons des Alpes, au Gothard ou au Mont-Cenis. Ce sont des vues bornées, par plans serrés, les uns sur les autres. Seuls, le Terminillo et le Velino possèdent quelque logique, l'un par sa large masse éloignée, l'autre par son murmure et sa course.

La neige nous a gagné. Le Velino n'est plus qu'un petit ruisseau tout chargé de glaçons, qui court au fond d'une tranchée toute blanche. Le nez des voyageurs commence à rougir ; un soleil aveuglant, que la neige réfléchit, fait en même temps cligner les yeux. A ce point extrême, mille mètres, des Apennins occidentaux, le « blanc manteau » a recouvert toutes les nudités. Comme celles-ci, nous nous drapons, et je bénis maintenant ces rochers qui distribuent les fécondantes eaux, dont l'Ombrie se fertilise. Grâce à elles, ce petit Velino, large comme un caniveau, jettera tout à l'heure les masses de Terni, et le Tibre s'en emparera. Bienfaisante bêtise des montagnes ! Il n'est que de ne pas tenter leur escalade pour leur rendre justice.

Mais voici que le train ne halète plus. Au contraire, il se retient. Nous avons passé la ligne de partage, et nous descendons maintenant sur le versant de l'Adriatique. Ici, vraiment, la vue est magnifique. La vallée qui s'étend à nos pieds, par neuf cents mètres, est d'une ampleur grandiose. Le train serpente toujours, mais il court sur des flancs d'où la neige a bientôt disparu, découvrant dans tous les sens la noble vallée, où, en face de nous, règne Aquila. C'est vers celle-ci que nous roulons ; le soleil commence à pâlir ; des ombres longues tombent du Terminillo et le Gran Sasso, derrière la ville, devient tout rose. Ce ne sont plus que belles croupes, les détails disparus. On ne voit qu'un ensemble moutonnant de collines rases, mais, de loin, aimables. Plus vite que nous encore, court l'Aterno, qui nous rassure sur notre route. Sans ce cours d'eau, pourrions-nous croire que nous atterrirons jamais dans ces fonds autrement que par culbute ? Il est là, l'Aterno, qui nous dit, à l'opposé du Velino, que l'on peut, tout de même, arriver sans sauter.

Tout à la majesté de ces Abruzzes, je ne veux plus voir que les étendues magnifiques, sans prodigue générosité certes, mais assez fournies et d'une belle dignité. Aquila est toujours là, sur un petit pic, au pied du Gran Sasso et dominant la vallée. Nous en approchons peu à peu ; la campagne, dans le crépuscule, apparaît moins serrée que du haut de Corno. Elles sont pauvres, ces Abruzzes et déjà elles me rappellent que je vais, à partir d'aujourd'hui, jusqu'à mon arrivée à Naples, en passant par Tarente, à travers les Pouilles et la Basilicate, parcourir la partie la plus déshéritée de l'Italie. Cette route que je me suis tracée, et que je veux commencer à Aquila, c'est un peu le chemin de la misère. Ah ! à quoi servent ces neiges que je viens de franchir, si les Pouilles n'en reçoivent aucun bienfait ! Des paysans, las et résignés, lèvent vers le train un regard d'envie : celui de demain les emportera-t-il vers les ports où les émigrants s'embarquent pour l'Amérique ? Et, avant de revoir les bords fertiles de la Méditerranée, cette Campanie élyséenne, où les soldats d'Annibal perdirent toute leur vertu, je vais parcourir les rives mêmes du Cocyte. Dans ces Abruzzes si âpres, que des histoires de brigands soient nées, ne nous étonnons point. Mais bien plutôt de ne plus rencontrer de ceux-ci. Moins désolées certes, que les blanches et arides Pouilles, les Abruzzes ne sont pas plus fières de la vie. Plus verte d'apparence, la terre n'est pas cependant beaucoup plus fertile, et les hommes qui l'habitent ne lui sont pas plus fidèles. Lorsque j'arrive à la gare d'Aquila, la nuit est tombée tout à fait. Un omnibus automobile à trolley, un bien curieux trolley sans rails, me reçoit; il ne faut pas moins que cette modernité pour que je ne me croie pas déjà perdu. Et dans le lit glacé, qu'un vain « moine » n'a pu sécher, je me répète ce que je me suis dit en quittant Paris: il y a deux Italies, et c'est la seconde, la pauvre, la triste, la désolée, que je vais voir; bien des raisons m'y attirent, des hommes et des œuvres; je n'y rencontrerai pas de ces choses prestigieuses qui m'ont fait tant aimer la Toscane et l'Emilie, j'y verrai du moins des choses touchantes éloquentes quelquefois, et leur rareté ne devra pas me détourner — pas plus que les misères dont cette couche humide est la première. Demain j'aurai du courage; ne passerai-je pas où a passé mon Allemand de Foligno?

Le matin venu, tout en me préparant à visiter Aquila, je me suis répété les raisons de mon voyage présent, j'en ai refait le plan. Je veux connaître, enfin, cette Italie méridionale dont j'ai entendu dire tant de choses contradictoires. On m'en a vanté l'intérêt, tout en ne m'en dissimulant pas la sévérité. On m'en a décrit la misère, qui donne tant d'aridité, et réciproquement, au paysage, et rend problématique le bien-être du voyageur, tout en ne me cachant pas la frappante particularité de son art. Je sais que je vais me trouver dans une contrée différente des pays que j'ai parcourus jusqu'ici, par sa pauvreté naturelle et sociale, par la sécheresse et par la rareté de ses œuvres. Il me faudra couvrir de mes pas des déserts infinis, pour voir une église, un château, ou rien d'autre que l'étendue dépeuplée. Il n'y a pas eu, dans l'Italie méridionale, cette vie municipale qui a fait si fertiles mes journées dans le Nord italien. Aucun artiste local, de ces Lotto, de ces Moretto, de ces Palladio, de ces Pérugin ou de ces Signorelli, qui laissent dans le souvenir une trace inséparable des splendeurs passagères parmi lesquelles ils ont grandi, vécu et travaillé, dont ils ont nourri leur génie. Et je relis la lettre que je viens de recevoir de mon respectable ami le sénateur

Giustino Fortunato, hier encore député de Melfi, et qui a consacré trente années à défendre la cause infortunée des contrées où je m'engage :

« Il y a *deux Italies* en une que Rome seule réunit, que Rome seulement pourra retenir unies ; l'Italie méridionale fut et restera toujours naturellement plus pauvre que celle du Nord, et c'est pour cela que, à la différence de celle du Nord, elle eut une vie en un seul corps de royaume, et jamais une vie de communes libres ; c'est pour cela qu'elle resta, par rapport à l'Italie du Nord, dans un état de civilisation inférieure. La Sicile, naturellement plus riche que les provinces méridionales de terre ferme, eut dans l'histoire une place plus marquante, et elle est aujourd'hui plus florissante et plus pleine de promesse ».

Je n'ai pas la prétention, en cette tournée rapide, que, je le sens à l'inconfortable de mon gîte, je n'aurai pas le courage de ralentir, je n'ai pas la prétention d'étudier les conditions agronomiques des Pouilles, de la Basilicate et, plus tard, de la Calabre ; je ne viens pas ici pour contrôler les affirmations de l'éloquent et apostolique sénateur. Sa voix, cependant, ne peut pas ne pas retentir à mon oreille, et peut-être, prévenu par sa compétence, pourrai-je, à défaut d'art, me rendre quelquefois un meilleur compte de ce que je verrai. A l'heure où je rédige ces notes, M. Giustino Fortunato vient de prononcer au Sénat un discours qui n'est qu'un cri d'amour et de pitié. Personne ne l'a contredit. Je n'aurai donc pas à vérifier, mais simplement à illustrer d'exemples les paroles du sociologue. A travers les Pouilles, de Foggia à Lecce, et de Lecce à Tarente ; à travers la Basilicate, de Tarente à Naples, je vais effleurer le sol le plus misérable de toute l'Italie. Comment ne pas le voir, tout en regardant les monuments ? Mais ces monuments, si rares qu'ils soient, que sont-ils enfin ? M. Fortunato vient de me le dire ; ils ne sont pas personnels aux cités qui les détiennent. La vie publique, dans l'Italie méridionale, ressemble à celle de la France, toute centralisée. Qui la centralise ? Naples, sans doute. Mais quand Naples y intervint effectivement, les Pouilles avaient déjà accompli une grande partie de leur destinée. Si je demande qui y présida, me répondent alors des syllabes familières, des noms de mon pays, dont le dernier est celui de Manfred, le suprême rejeton de la race des Hauteville, qui expire au pont de Bénévent, sous le cri de Montjoie ! poussé par Charles d'Anjou. Et lorsque, enfin, je songe à ceux qui réunirent en un royaume cette maigre terre disputée à l'égal d'un trésor inépuisable, c'est encore un nom français qui résonne, celui des Bourbons, des descendants de Louis XIV. Ce voyage dans l'Italie méridionale, c'est un voyage en France qu'il devient proprement. Hauteville, Anjou, Aragon même, le descendant de Manfred, puis Bourbon, tout mon pays est là. Les émotions ne manqueront pas. Il y a longtemps que, ces Normands, je les guettais ! Ce que je savais d'eux, si miraculeux vraiment, météores au ciel des nations, m'avait toujours ébloui. Avant de descendre en Sicile, où ils achevèrent leurs travaux, je vais enfin les voir agir sur la terre où ils les entreprirent. Cette terre est déserte, misérable et dénudée ; ne se haussera-t-elle pas de leur vaillance, par là plus extraordinaire encore ? Et voilà, de nouveau, sans que je l'aie cherchée davantage, que se forme l'unité de mes soins vagabonds. Le contraste entre le commencement et la fin de ma course, entre les Pouilles et la Campanie, va devenir harmonie, grâce à ceux qui régnèrent sur l'Italie méridionale et la meublèrent. Les œuvres d'art répandues aux deux bords marins forment une chaîne continue que rien ne pourra briser. Par dessus les Apennins, Bari et Salerne se tendent la main ; Robert Guiscard se réconcilie avec Ferdinand qui coucha dans son lit.

*
* *

Deux grandes rues, l'une amorcée au milieu de l'autre, se partagent Aquila, le Corso et la Via Romana. La plus moderne est cette dernière, avec de beaux magasins, une place large où se voit la statue de Salluste, né tout près d'ici, dans un bourg que Aquila a remplacé. Le Corso, cependant, dans sa partie inférieure, est tout orné, lui aussi, de négoces luxueux. Au milieu de la vieille ville du XIIIe siècle, une ville nouvelle, qui se plie à sa clientèle, s'est fait place en effet. Aquila est devenu depuis quelque temps un centre estival. Sa situation élevée, son voisinage du Gran Sasso, attirent les Italiens en quête de fraîcheur et d'excursions. Dans le bas du Corso, on voit nombre de jolies villas, ouvertes sur un parc public qui domine tout un cirque de montagnes. Par sept cents mètres d'altitude, il doit faire bon à Aquila, et les grimpeurs l'affectionnent. On ne rêve pas de s'y installer, mais on ne plaint pas ceux que le hasard de leurs fonctions y retient. Et l'on serait condamné à y séjourner durant un été, qu'on accepterait sans trop rechigner. Il ne faudrait pas, pourtant, compter beaucoup sur le pittoresque de la vieille ville, pour se distraire. Elle n'est pas laide, pas plus que belle. Elle n'est rien, ou presque. A cheval sur deux croupes de mamelons, ses rues descendent sans fracas, ses rues où aucune violence de couleur ne heurte ni ne réjouit. Il y a des monuments intéressants, il n'y en a pas d'entraînants. Sept ou huit églises, toutes saccagées à l'intérieur par le baroque. De la cathédrale, rien à dire : sur une grande place, elle étend sa banalité moderne. Quatre autres ont des portails romans que signe l'auteur de la ville, Frédéric II, en eux-mêmes insignifiants. Çà et là de vieux palais assez minables, dont l'un s'enorgueillit d'un Dominiquin que je n'ai pas réussi à me faire montrer. Enfin, deux églises qui méritent du moins un arrêt un peu long. L'une est San Bernardino, campée au bord d'un ravin que ses marches dégringolent. Sa façade, carrée, au haut du long escalier, a de la grandeur ; colonnes engagées encadrant des portes et des roses, trois étages de portiques bien proportionnés et simples. Il n'y a, entre cette façade et son monument, aucun rapport, d'ailleurs. Et l'on se demande quelle étrange conception avaient ces architectes du XVIe siècle, qui commençaient à bâtir par la fin. Car cette façade ne cache guère qu'une grange, extérieurement du moins. Le petit dôme du chœur, c'est à peine s'il enlève ces murs de simple crépi. A l'intérieur, le baroque mange tout, sauf deux monuments, celui des Camponeschi et celui de saint Bernardin. Le premier rappelle les plus délicates œuvres de Maiano ou de Rossellino ; le second, les autels d'Andrea Bregno. Leur auteur, Silvestro l'Ariscolo, n'avait aucune originalité : Aquila en a-t-elle beaucoup ? Il est, cependant, supérieur à la ville où il travailla, par un grand sentiment du décor et une tenue très noble. Et il me paraît surprenant que ceux qui ont étudié la sculpture de la Renaissance aient presque tous négligé de venir jusqu'ici en regarder un des derniers spécimens. Ils n'apprendraient rien, sans doute, à l'œuvre d'Ariscolo, rien si ce n'est la force de persistance de cet art qui a essaimé jusqu'ici, dans la ville sans gloire, perdue dans ses montagnes et dont personne ne se soucie plus.

Par une rue précipitée, j'ai gagné la porte Bazzano, petite porte percée dans de pauvres murailles, et ouvrant sur une campagne maigre que le seul Gran Sasso relève aux yeux. De là, je suis allé à la citadelle, banale forteresse espagnole à tours basses, et dont le paysage est le seul mérite ; puis je suis revenu vers Collemaggio.

Collemaggio est une église d'une originalité incontestable. Je n'en ai jamais vu de semblable. Elle n'est pas magnifique ; elle n'est pas riche ; elle est charmante, elle est surtout unique, sa façade, du moins, car, à l'intérieur, le baroque a tout transformé. Elle se compose d'un grand mur carré divisé en deux parties. En bas, trois portes romanes, superbes de lignes et de trapu. Les pleins cintres sont d'une pureté parfaite, et les piliers, qui supportent les arcs, sculptés avec énergie et sans fignolage. En haut, trois zones partagées par des colonnes plates, avec une grande rose au centre. Mais le tout est bicolore, de marbres blancs et rouges, les rouges dessinant des croix grecques. Et c'est d'un éclat des plus aimables. Au fond d'une longue place, cette surface rouge et blanche, sous le soleil, est d'une gaieté réchauffante. Elle rayonne sur toute la campagne d'alentour qu'elle domine. Mélange de roman et de Renaissance, avant la Renaissance, si elle rappelle quelque chose, ce serait le fronton inachevé de la Chartreuse de Pavie, mais qui n'attend aucun décor. Voilà une forme romane, en tout cas, que l'on ne connaît guère, grâce d'abord à sa matière bigarrée, ensuite à sa disposition carrée et plane. Et il ne semble pas qu'il y ait eu succession de travaux, à deux époques différentes. La rose est du même jet que les portails; la partie haute est visiblement de la même époque que la partie basse. Collemaggio est à signaler aux chercheurs d'art roman. Est-ce pour elle que mon Allemand de Foligno m'engagea aussi vivement à m'arrêter ici ? Je me le demande en regagnant l'hôtel où je vais remonter dans l'omnibus à trolley sans rails. Quoi donc a bien pu séduire ici un Germain cultivé, et qui, je l'ai bien vu, connaît son Italie comme un professionnel d'art? Mais pour celui qui demande aux villes de l'éblouir ou de l'enchanter, Aquila ne peut plaire que par son site. Elle offre toutes les ressources à l'alpiniste, elle en offre peu au curieux de monuments et de couleur citadine. Elle n'aura été pour moi qu'une étape. Point de départ d'une course que je sais devoir être souvent aride, j'y aurai pris contact avec la méchanceté de la nature et l'indigence des hommes. Demain je serai à Foggia, où les pères et les enfants de Frédéric II me prendront par la main, pour me promener dans leur domaine misérable, qui n'aura pas, du moins, la fausse grandeur, la trompeuse générosité de cette ville mal assise, gauchement parée, ni sordide, ni élégante, sorte de bâtarde sociale qu'un hasard militaire a voulu, et qu'aucune raison, aujourd'hui, si ce n'est de continuer puisqu'elle a commencé, ne retient plus en ce monde, d'où, un jour ou l'autre, les tassements du sol la feront disparaître, ainsi qu'ils l'en menacèrent tant de fois.

II

LE GANT DE CONRADIN

Foggia.

D'Aquila à Foggia, la journée tout entière en chemin de fer, est longue et glacée. Une pluie fine noie les montagnes tristes et sombres, et Sulmona apparaît plus revêche encore au milieu de son cirque de rochers. C'est toujours le paysage abruzzien de nature cahotée, maigre et déserte. Les villages sont rares, les villes encore plus ; çà et là, une ruine de château, des chèvres, un homme monté sur un âne, et la Pescara roule ses jaunes eaux vers la mer, dont le vent nettoie enfin peu à peu les approches. Chieti est bientôt dépassée, et, après le paysage montagneux, voici le paysage marin. Une côte toute ensablée que coupe de temps en temps une pointe de contrefort, comme celui de Francavilla, riant, charmant, où Gabriele d'Annunzio se plut longtemps, adossé aux verdures, parmi les orangers, devant l'Adriatique. Puis l'on atteint la lagune de Lesina, et l'on parvient enfin à la grande plaine des Pouilles, dont Foggia reste le centre, qu'elle fut toujours, et qu'elle sera, hélas ! longtemps encore, pour le voyageur.

Et elle n'est que cela. Sauf le portail de sa cathédrale, avec sa corniche de monstres, ses hauts pilastres, et ses cintres étroits, si nerveux, sauf la crypte aux puissantes colonnes basses, Foggia ne possède rien ; elle ne se particularise que par son aspect général, si rare en Italie, de maisons à un seul étage, bordant de très larges rues. On est d'abord séduit par cette physionomie ouverte, claire et nette. Que n'est-elle propre aussi ! Une nuit est bientôt passée ; mais trois sont plus dures. Et je crois bien que, si je n'avais pas rencontré Pepito, j'aurais demandé asile à la belle étoile. Pepito n'est qu'un pauvre serviteur, mais il fut un père. Après avoir servi dans l'Italie civilisée, Pepito est venu finir ses jours dans sa patrie, où il s'efforce, par ses soins, de donner aux passants quelque illusion de bien-être. Pepito apporte l'eau tiède de telle façon qu'elle semble brûlante. Pepito retire sa casquette d'un geste chevalier. Et Pepito sait gémir à propos avec vous. Je lui dus des consolations qui me retinrent sous sa protection, impuissante souvent, toujours réconfortante. Sans Pepito, Foggia ne serait qu'un grand village. Quoi donc y appela et y retint les Frédéric et les Anjou eux-mêmes, puisque Charles Ier, le frère de Louis IX, y mourut? Qu'il y soit mort, je le comprends. Mais qu'il y habitât? Pepito n'était pas déjà là, pourtant!

C'est que Foggia possédait ce pourquoi je viens. Au beau temps du *Tavoliere,* elle était source de richesse ; lorsque les troupeaux descendaient, à l'automne, des Abruzzes dans la plaine que Foggia commande, ils payaient un droit au maître du moment ; ils en payaient un second au départ. Et lors des guerres entre Anjou et Aragon, c'était une course entre les armées ennemies à qui arriverait le premier à Foggia. Le nerf de la guerre vibrait à Foggia. Au lieu de courir sus aux bataillons, on se ruait vers les troupeaux. La recette râflée par l'un, l'autre tournait bride, puisqu'il n'y avait plus rien à prendre. Les cinq millions de moutons qui paissaient l'herbe du *Tavoliere* acquittaient l'impôt par tête. Foggia était d'importance, on le voit. Et Frédéric II en confia la garde à des Sarrasins, amenés de Sicile. Ce fut l'un des bienfaits de Murat de rendre la culture libre dans le *Tavoliere*. Les

Bourbons, rentrés à Naples, rétablirent la pâture obligatoire. En 1865, la nouvelle monarchie revint à la liberté. Les moutons ont diminué de nombre. En revanche, la large plaine pousse aujourd'hui des céréales, partout où l'épaisseur de la couche de terre sur le plateau calcaire le permet. Bureau de perception, Foggia était donc nécessaire, à qui voulait la puissance, et Frédéric II, entamant sa longue lutte contre la Papauté, abandonna la douce Sicile qu'il aimait tant, pour en faire sa capitale. Manfred s'y fit couronner et c'est à Lucera, voisine, où il vivait au milieu de sa garde sarrasine, que, après avoir bien combattu, il revenait toujours. Charles d'Anjou en comprit le grand rôle, et c'est ainsi que, autour de Foggia, prospérèrent des villes où des monuments s'élevèrent. Lucera, San Leonardo, Siponto, Manfredonia, si importantes dans l'histoire, font à Foggia une couronne dont il ne se voit ailleurs nulle semblable. Ici a fleuri, à côté d'un art original qui fut le plus extraordinaire essai d'acclimatation méridionale des conceptions septentrionales, tout un idéal politique et social qui fut dispersé dans le vent de la vallée du Tronto, avec les cendres de Manfred. Tout le long de la côte de l'Adriatique, depuis le Gargano qui arrondit ses croupes à l'horizon, jusqu'à Bari, cette terre fut celle des Normands. Non pas à cause de la légende, douteuse, des pèlerins rencontrés sur le Gargano par Melo, le rebelle de Bari, et entraînés par lui contre les Byzantins, mais pour le royaume des Deux-Siciles créé par eux, à eux volé par des frères de France et que personne, jamais, ne sut comme eux enrichir ni parer.

Dans la grande plaine nue, sans un arbre, sans un hameau, la route plate file droit jusqu'à l'horizon. Le vent est impétueux. Il vagabonde à son aise et semble tout surpris de cette voiture où je m'abrite, le seul obstacle qu'il rencontre. Quarante kilomètres durant, les cavalli traînent la guimbarde mal jointe, sorte de vieille calèche pourrie, qui, à chaque cahot, me menace d'un fracas. La route macadamisée est large, mais le cocher l'évite. Elle est si détrempée que les bas côtés sont moins périlleux. Le fenouil sauvage forme une haie basse, et, derrière, c'est toute l'étendue du *Tavoliere* que je vois. Ah ! la belle table ! immense plateau calcaire à peine recouvert d'humus, juste de quoi faire pousser un peu d'herbe. Vingt centimètres de terre au plus, et, dessous, le roc blanc, sans un filet d'eau autre que celle tombée du ciel et qui, au jour le jour, s'évapore. Par-ci par-là, dès que cela est possible, quelques céréales, à cette époque de l'année toutes courtes et vertes, herbes et céréales pareilles, de champs en friche, abandonnés, que l'absence de toute ferme souligne encore. Derrière moi, Foggia ; devant et autour, rien. Le désert absolu, infini, avec, pourtant, à gauche, la ligne du Gargano, toute grise, d'un gris violet, comme un dos d'éléphant. Quatre à cinq cent mille moutons paissent encore ici, dit-on. Mais l'immensité est telle qu'ils disparaissent. La mer est au bout, et on attend la marée qui viendra recouvrir ces herbes. Cela est si plat, si nu, que ce ne peut être que le fond de la mer retirée. Parfois, cependant, un point noir se dessine sur le ciel, point mouvant, dansant comme avec des ailes. Un oiseau, aigle ou vautour ? C'est un berger, à cheval, sous un grand manteau, surveillant ses bêtes. Le point grandit, les ailes frémissent davantage, et, sur son bidet, le berger passe, taciturne, muet, immobile. Autour de lui, devant lui, derrière, les moutons à la longue laine, de beaux mérinos pesants et graves, vont de pierre en pierre tirer quelque tige qu'ils mâchonnent. Des chiens faméliques surveillent, protègent les céréales. Puis la caravane disparaît et c'est encore le désert, plus morne après ce peu de vie rencontrée, bientôt évanouie. On ne voit plus rien, tant on voit! Ah! la mer, la mer, où est-elle? Pourquoi si loin? Elle vit, elle, du moins, elle vit de ses flots, de ses irisements. Il n'y a d'elle que ses vents, qui vous dessèchent le cœur. Deux heures, deux longues heures ainsi, je vais, perdu dans un long désert plus tragique que le centre africain. Les sables n'ont rien qui vous trompe. Ici, il y a un effort de vie, dans ces cultures, si rares soient-elles, dans ces prés, si tondus qu'ils restent. On y sent trop la mauvaise pierre, hypocritement cachée sous des apparences vertes. Ce n'est pas le désert, c'est l'abandon. Et quelle misère que celle des hommes courant derrière les moutons, poursuivant une impossible chimère de nature indulgente, dans le vent toujours, le vent affolant! Pas un parfum, pas un jeu de lumière, pas une âme. Rien que trois ou quatre bidets terreux, et les hommes juchés dessus, liés sur eux, dont on ne voit, sauf le manteau drapé, entre les effiloches sordides, d'une pouillerie infâme, que deux yeux hagards et brillants de fièvre, parmi des poils noyant toute la face. Monture et cavalier sont de la couleur des moutons, semblent de grands moutons passés monstres, et le trot pareil des petites bêtes et de la grande court une cavalcade de fantômes. Mais ne suis-je pas à leurs yeux, moi-même, un fantôme ? Que viens-je faire, sans moutons à paître ? Il est donc des hommes qui ne sont pas semblables aux animaux? Et j'ai la sensation d'être réellement le fantastique de ces lieux, illégitimement par moi troublés. Ce vent, c'est celui de ma folie. Pourquoi suis-je ici, dans ce vide absolu ? Il faut aux hommes des choses qui s'approchent, se touchent, s'étreignent. Tout fuit devant ma guimbarde ; pourquoi y aurait-il là-bas une ville ? Me voilà lancé dans le ciel même, en aéroplane, sans boussole, moteur affolé. Les chevaux de la calèche ne s'arrêteront plus, et toujours, éternellement, je marcherai ainsi, jusqu'aux limites de la terre, jusqu'à l'abîme où cavalli, le cocher à la pèlerine battante, la voiture et moi-même nous roulerons, tandis que sur la plaine rase, le vent continuera à danser, les moutons à paître, et que le berger ricanera, du haut de son bidet, heureux de son domaine reconquis sur l'insensé qui osa le fouler.

Le Gargano est mon seul repère. Mes regards consultent à chaque instant sa croupe rase. Une montagne, c'est de la vie, c'est du mouvement. Au-dessus de ce *Tavoliere*, de cette table lisse, le Gargano prend des allures animales. Il bouge, lui, il frémit. Les nuages qui passent changent à chaque instant ses teintes ; sa forme même se modifie. Tout à l'heure, il me semblait un éléphant au dos gris rosé. Maintenant, il est tout un troupeau de ces bêtes massives. De l'arête centrale, partent des contreforts pareils, allongés, bien alignés les uns à la suite des autres, et ils semblent tout un régiment de pachydermes, où la lumière, en jouant, met des frissons. Je n'aurais jamais cru qu'une montagne pût être ainsi salutaire à l'âme perdue, d'un tel secours à des yeux affolés de vide et de mort. Dans l'immensité, celle-ci me tend la main et semble veiller sur moi.

Voici pourtant que, à l'horizon, un amas de toits apparaît. A un tournant, enfin ! de la route droite, exaspérément droite, le *Tavoliere* s'est infléchi, un pont a été passé sous lequel coule une eau saumâtre, et, tout de suite, près de cette eau que le Gargano a eu la charité de verser par ici, des hommes se sont installés. San Leonardo ! me jette, dans le vent, le cocher jusqu'alors muet. Il y a deux heures que nous roulons, et voici la première étape. Un chien aboie, un âne dresse la tête et des murs écroulés alignent leur pierre sèche. Une porte est ouverte, non pas même branlante, mais à moitié tombée. Le chien hurle toujours ; il m'est ami. J'entre dans la cour de la métairie, et tout un lit de fumier est étendu, qu'il faut traverser. Je passe sous une porte ; dans une seconde cour entourée de hauts murs crevassés, j'appelle. Personne ne répond. Je vais pourtant ; je monte un escalier de pierre, solennel de largeur et de voûtes. Autour de la cour, ce sont de grands couloirs en quadrilatère. A gauche, les fenêtres donnant sur la cour ; à droite des portes. Des portes? il n'y en a plus, mais simplement les chambranles de pierre portant en leur centre des armes, un aigle. J'appelle encore. Rien. Je vais, je vais ainsi, de porte en porte, regardant partout, et je ne vois, dans ces chambres toutes pareilles, que la fiente des brebis. Ici, autrefois, des chevaliers teutoniques habitaient. Le couvent-caserne est devenu métairie, et les troupeaux couchent où dormaient les guerriers de la foi chrétienne. Un moment, le pied va me manquer : le plancher s'est effondré et la cour est sous mes yeux, en trou. Je reviens sur mes pas, redescends dans les cours ; le chien aboie toujours. Je marche vers lui, et j'aperçois alors, tranquillement assis sur le pas d'une porte, un petit garçon aux pieds nus qui me regarde placidement. Des hommes vivent donc ici? Ils y procréent aussi. Le chien s'est tu, un beau chien blanc qui, quoique libre, ne s'avance pas : il a peur de cet étranger si bizarrement accoutré de chaussures, de pantalons et de linge blanc. Je vais à lui, il se sauve, et l'enfant, à une question sur son maître ou père, ne sait que répondre :

— Via !

Que veut-il dire? Va-t'en ! ou : le maître est aux champs? L'un ou l'autre, je n'ai qu'à partir. J'ai beau demander : « La chiave della chiesa », l'enfant me répond toujours : Via ! en secouant la tête. Et je me résigne à regarder l'église par le trou de la serrure. Je me rappelle alors l'une des étables vues tout à l'heure au rez-de-chaussée, une étable à belles voûtes, à colonnes massives, et arrondie à son extrémité. Cette étable, c'est la nef droite de l'église, et ce que je vois par le trou de la serrure, c'est la nef centrale. Le plan se reconstitue facilement, d'une église à trois nefs et trois absides, de forme grecque par conséquent, voûtée en demi-berceau, avec quatre énormes piliers en faisceau de colonnes portant une coupole, venue de Byzance elle aussi. Je regarde la façade : elle est romane, mais de ce roman étrange que je viens de voir à Foggia et dont les images siciliennes m'ont appris déjà le composite. La porte est très pure, familière à mes yeux de Français. Mais, au-dessus, le mur tout droit est simplement bordé d'arcatures brisées comme on en voit à Monreale et à Cefalù. Puis, au-dessus de cette corniche, un dôme formé des mêmes arcatures, mais complètes cette fois. Et voilà, déjà, dans ce désert, dans une étable, résumée toute l'histoire ! Les Normands apportèrent ici l'art de leur pays, et, y rencontrant l'art de Byzance, ils les fondirent tous deux. L'Orient chrétien tend la main à l'Occident catholique sur cette terre d'Apulie, d'où les blonds guerriers chassèrent les noirs soldats du Basileus. Dans des monuments plus complets, tout à l'heure à Siponto, bientôt à Barletta, à Trani, à Bari, je verrai mieux cette fusion et délimiterai mieux chaque part. Aujourd'hui, sur la lande de Foggia, voici la première vision. Et la porte latérale, avec ses rinceaux fouillés de fleurs, ses chapiteaux à personnages, avec ses lions lombards supportant les colonnes d'un porche de construction romane, de décor grec et lombard, cette porte résume déjà toute l'aventure.

La guimbarde est repartie. Je suis moins seul maintenant. Déjà Manfredonia s'indique au loin, la ligne de la mer dessine une raie bleuâtre à l'horizon. Mais quelle est cette grange, encore ? Pour quelle improbable récolte a-t-elle été bâtie ? Siponto ! jette le cocher. Ici, autrefois, une ville, colonie romaine, florissait. La mer, en se retirant peu à peu, y laissa la fièvre. Il fallut partir. Manfred emmena les habitants, qu'il réunit dans une ville nouvelle, au pied même du Gargano, et à qui il donna son nom. De Sipuntum, il n'y a plus trace aujourd'hui ; il ne reste, pour en marquer la place, que ce sanctuaire au milieu des pierres, et le plus grand miracle qu'ait jamais fait la vierge noire qui l'habite, est, certainement, d'avoir préservé ses êtres d'une ruine pareille. Étrange petite église, carrée, bombée d'une abside sur trois de ses côtés, le quatrième réservé au porche. Voici franchement l'église grecque, non plus allongée, mais les quatre bras bien égaux, celle que Michel Ange rêvait pour la colline vaticane. Aussitôt, les arcs étroits des murs, comme à Foggia, apportent l'élément septentrional, et, au moment où l'on songe à quelque mosquée, les lions lombards commandent l'entrée, comme à San Leonardo : simple et saisissant témoignage de la fusion de l'Orient avec l'Occident. J'en verrai d'autres, et la Sicile m'en promet beaucoup. Je doute que j'en trouve jamais de plus frappant que celui de cette église peuplant seule cette immensité, si veuve au milieu de cailloux, au pied de ce Gargano où l'on honorait saint Michel, patron des Lombards, à deux pas de Foggia et de Manfredonia les villes normandes, et où les Grecs de Bari avaient étendu leur domination. Toute blanche au milieu des herbes clairsemées, Santa Maria di Siponto semble, seul arbre de cette étendue terrible, seule fleur des pierres, maintenir et rapprocher les précieux souvenirs.

Peut-être devrais-je préciser un peu non pas ce que je ressens, mais ce que je vois? Je me trouve, et ceux qui me liront se trouvent avec moi, devant une œuvre inconnue. Ceci ne ressemble à rien de ce que nous avons vu ensemble depuis que nous voyageons en Italie. Un art absolument nouveau pour nous se révèle, et cet art est précisément né des invasions lombarde, byzantine et normande qui se disputèrent ce pays et fertilisèrent son infertilité. Tout ce que je sais de nos frères normands me revient à l'esprit. Le Gargano, et Manfredonia, et Foggia me soufflent les beaux exploits et tant d'enivrantes merveilles d'intelligence, de grâce aisée, celle de Manfred surtout, aux poèmes chantés le long de routes, de souplesse, d'assimilation, de prudence et d'énergie créatrice, toute cette floraison magnifique qui a sombré, comme Sipuntum, dans le sort méchant, emportée elle aussi, peut-être, par les fièvres sournoises et implacables. Il faudrait encore dire la malfaisance de cette terre misérable et la condition de ses hommes errants. Mais est-ce bien sur un premier regard, après un premier contact, que je puis déjà préciser? Plus tard, dans quelques jours, quand j'aurai vu d'autres témoins, d'autres campagnes, quand je serai revenu parmi les hommes, alors je réfléchirai. Laissons aujourd'hui, laissons nos sens recevoir, sans réagir. Dans le vent furibond, laissons rouler les sensations confuses et les souvenirs flottants.

J'ai touché à Manfredonia, petit port paisible, au pied de la montagne qui l'abrite, puis je suis revenu à travers la plaine, roulant pendant trois nouvelles heures dans le désert morne. Les troupeaux ne se voient plus. Il n'y a plus que moi et mon pauvre cocher tout courbé sur ses bêtes, dans la *Tavoliere* sinistre. Nous sommes seuls, perdus dans la solitude. Le crépuscule commence à décroître, nous nous confondons peu à peu avec la nuit. Ls silence absolu est autour de nous. Nul oiseau, nul frémissement d'aucun arbre, nul murmure de ruisseau, rien que le sabot des chevaux, assourdi, ouaté, le trot aérien des Valkyries. Lorsque la nuit est tombée tout à fait, j'ordonne d'arrêter, et, faisant vingt pas dans la lande, je respire, regarde, hume, écoute et touche le néant.

*
* *

De l'autre côté de Foggia, du côté des montagnes, sur un dernier mamelon, s'élève Lucera. De villes plus belles que celle-ci, il ne manque pas en Italie. Il n'en est guère qui soient aussi suggestives. Si jamais mur « derrière lequel il s'est passé quelque chose » attire le pèlerin d'Italie, c'est bien celui de Lucera. Les pages d'histoire qui se déroulèrent autour de lui gardent une apparence tellement fabuleuse, mêlent si bien la réalité à la fable, transportent près de nous, avec un tel relief, les plus improbables *Mille et une nuits,* tant de héros mystérieux, une vie si étrangère à nos mœurs, quelque rêve asiatique ou africain apporté dans notre Europe, que Lucera reste encore, aujourd'hui, la cité fantastique appelée à la vie par un Arioste ou un Tasse. Un empereur, Frédéric II, la peupla de trente mille Sarrasins, sa garde, qui y vécurent en véritable colonie orientale, avec leurs mosquées, leurs tribunaux, leurs franchises totales. Au cours de la grande lutte entre l'empereur et le pape, Lucera fut l'asile suprême. Manfred, partant pour Bénévent, y laissa sa femme, Hélène d'Épire, et ses fils, à la garde de ses fidèles. Hélène voulut passer en Épire. Elle courut à Trani dont le comte la livra à Charles d'Anjou. Et les enfants de Manfred moururent en prison. Jamsilla, le chantre de Manfred, nous a dit les merveilles de Lucera, et la magnifique légende. Manfred, le fils chéri de Frédéric II, fils naturel, né de Bianca Lancia, une Piémontaise, était le plus pur représentant de la race des Normands d'Italie. Adroit, doux et ferme à la fois, il maintient dans l'obéissance la part du royaume qui lui est confiée, pendant que son frère Conrad lutte désespérément au delà des Alpes. Il ne croit pas, cependant, devoir renoncer aux mœurs de ses ancêtres de Sicile, d'autant moins que, sous les Guillaumes, la papauté s'en accommodait fort bien. Ces mosquées et ce harem de Lucera, qui indignent tant le pape, celui-ci n'y trouvait rien à redire lorsque son allié Guillaume-le-Bon les entretenait à Palerme, et employait ses Sarrasins à la défense de la chaire de saint Pierre. D'ailleurs, à la mort de Conrad, le pape accepte les hommages de Manfred, qui tient la bride de son cheval lorsqu'il entre à Naples. Manfred ne tarde pas à s'apercevoir que le pape le trompe. Il rompt brusquement et accourt à Lucera. De là, il passe à Palerme, où il se fait couronner, en 1258, et il s'offre comme tuteur de son neveu Conradin. Il ne cache rien de ses sentiments italiens. L'Empire, l'Allemagne le laissent indifférent. Un roi d'Italie ! Le pape écume, à cette idée. Et c'est Charles d'Anjou qui se fait l'agent du pape. Clément IV appelle l'étranger contre ses frères d'Italie, et voilà Lucera aussitôt enveloppée dans des légendes d'horreur sur lesquelles nous avons vécu, sur lesquelles on vit encore.

Nulle figure n'est plus aimable, plus raisonnable, plus pure que celle de Manfred. Ce prince apparaît comme ayant dépouillé toute la rudesse primitive de ses ancêtres, la rigueur aussi, encore un peu sauvage, de son père. « Le beau prince aux cheveux blonds », comme on l'appelait, a hérité de ses ancêtres normands l'habileté et la bravoure. Mais l'habileté est devenue finesse, et la bravoure est chez lui l'effet de la raison. Il ajoute à cela de l'élégance, j'entends celle de l'esprit, de la bonté et par-dessus tout de la culture. Sa cour est le rendez-vous de tous les poètes d'Italie et des plus habiles musiciens de

France et d'Allemagne. Dans ses promenades nocturnes à travers les villes où il résidait, il se faisait suivre de deux Siciliens qui soupiraient les romances de la patrie. Lui-même composait des *strumbotti* qu'il déclamait en parcourant les rues de Barletta. Mais tandis qu'il chantait « l'amour, ses rigueurs et ses délices », le pape appelait Anjou pour lui arracher ce royaume des Deux-Siciles, qui se fera, bientôt, la belle avance ! au profit d'Aragon. Manfred défend son bien héroïquement, admirable de constance, de résolution, d'énergie et d'adresse. Ses barons l'abandonnent, l'émir lui-même de Lucera écoute le pape, car le pape, scandalisé du harem de Manfred, ne l'est pas de l'émir aux quinze femmes. Manfred vole à Lucera. Et c'est l'immortelle chevauchée chantée par Jamsilla, à travers la lande de Foggia, la nuit, pour n'être vu ni de Foggia ni de Troia, qui sont aux mains des barons révoltés. Manfred arrive devant la citadelle, se fait reconnaître « à ses beaux cheveux blonds », et les Sarrasins se jettent à ses pieds. Il vole avec eux à Bénévent ; le 26 février 1266, il disparaissait dans la mêlée. Les Français l'enterrèrent sous un tas de pierres, près du pont. Le pape fit déterrer le cadavre que l'on jeta dans le Volturne. Conradin, le neveu de Manfred, accourt remplacer celui-ci, est pris bientôt et meurt décapité, à Naples, où sa statue se voit encore au Carmine du Mercato, l'une des plus touchantes et pures figures de la sculpture contemporaine. On dit que, du haut de l'échafaud, il jeta son gant à la foule qui pleurait ; un certain Dapifero le ramassa et le porta à Constance, fille de Manfred, mariée à Pierre d'Aragon, qui viendra reprendre à l'Angevin le berceau familial, la Sicile abreuvée de dégoût ; les Vêpres de 1282 vengèrent Manfred et Conradin.

A qui le gant ? A moi, dit Charles. Et Lucera reste aux mains d'Anjou, qui fortifie la citadelle et se hâte de confirmer les privilèges des Sarrasins, avec l'assentiment du pape. Peu à peu, cependant, la colonie sarrasine diminue ; et, en 1300, sans que rien justifiât cette abomination, les Angevins attaquent le château, qui résiste éperdûment. Il est emporté, et tous les Sarrasins de Lucera sans exception de femmes, d'enfants, sont massacrés, vingt mille environ, la fleur même des soldats qui avaient aidé, tant de fois, les rois de Sicile à défendre la papauté contre l'avidité grecque et germanique : la provençale valait-elle mieux ?

De la citadelle sarrasine, que reste-t-il aujourd'hui ? Des murs, de longs murs flanqués de quinze tours, dont la plupart ont été restaurées par Anjou. Lucera a été le premier boulevard du royaume italien ; elle a présidé au premier essai de ce royaume, et c'est un Savoie, comme était la première femme de Manfred, qui le réalisera. Qui pourrait donc, s'il s'émeut aux souvenirs que content des pierres, aborder d'un cœur sec ces ruines majestueuses ? De grands murs roux autour d'une prairie, c'est toute la citadelle d'aujourd'hui. Mais cette prairie, c'est celle où manœuvraient les soldats de l'émir, où jouaient les enfants de Manfred, où paissaient les chameaux de Frédéric, grognaient les guépards de chasse et engraissaient les eunuques. Cette plaine des Pouilles, épandue au bas du rocher, c'est le *Tavoliere,* que le sang répandu à flots n'a pu engraisser ; et là-bas, à l'Ouest, ce sont les montagnes d'où descendaient les troupeaux et les hordes. C'est le Vultur mystérieux. C'est tout le domaine des Normands, si magnifiquement conquis, et abominablement ravi par des frères. Aujourd'hui, il n'y a plus rien que de l'herbe, quelques galeries encore, une voûte pantelante et des tronçons de conduites d'eau, des restes de piscine, des fenêtres par lesquelles apparaît la blanche campagne déserte, où ne se voient d'autres ombres que celles des princes aux cheveux blonds. Là-bas, enfin, la mer, la mer d'Orient dont le mirage perdit Hélène d'Épire et ses enfants. Le miracle normand, le plus saisissant exemple historique de la fortune méritée et de l'injuste malheur, sont ensevelis sous cette herbe. L'œuvre de Guiscard, que Frédéric essaya de couronner et qu'il manqua pour trop d'embrassement, Manfred voulut la reprendre et la limiter aux Deux-Siciles primitives. Par la trahison italienne de la papauté, cette œuvre fut détruite, et le massacre de Lucera consacra la misère de l'Italie méridionale, arrachée à ses aspirations nationales, et jetée pour des siècles dans une infortune dont elle n'est pas encore relevée. La cathédrale de la ville, œuvre d'Anjou, par son dessin gothique et ses décors grecs et arabes, prouve du moins la force vive des vaincus qui, morts, imposèrent leur idéal au vainqueur.

J'ai longtemps erré dans l'enceinte démantelée. Sous la conduite d'un gardien diligent, j'ai tout vu, tout scruté, pénétré. Il a fallu grimper, descendre, regarder des pierres nues, et subir une leçon archéologique importune. Ce lieu est de ceux où toute précision est vraiment douloureuse ; la légende les absorbe. Elle seule peut les remplir. Et il y a même quelque gêne pour l'esprit à se dire que cette légende n'est, en réalité, que de l'histoire. Il faut ici, comme hier dans le *Tavolière,* ne rien faire que rêver. Les jardins d'Armide, si on les rencontrait, ne seraient-ils pas aussitôt diminués ? Ne cherchons pas, à Lucera, à revivre autrement qu'en songe. Des faits indubitables ne prenons que la fleur. La poésie règne sans partage sur ce rocher. Déroulons les cortèges, le départ pour la chasse avec les faucons et les guêpards, les beaux enfants blonds sous la garde des eunuques, et les femmes sous leurs voiles, les piscines où l'on se baignait, et des roses sur les marches, et des parfums sur les croupes. Guettons Manfred dans la nuit, suivons Frédéric vers Castel Fiorentino où il va mourir, montons avec Hélène d'Épire sur la tour où, comme sœur Anne, elle regarde si ses frères de Grèce viennent la délivrer. Scrutons le sol d'un œil attendri, cherchons sans espoir quelque tesson ou quelque fragment d'anneau doré. Prêtons l'oreille aux voix qui murmurent, dans les courtines, le nom d'Allah. Baignons-nous, enfin, dans cette atmosphère improbable, et réelle pourtant, de l'Orient précieux, enfermé ici pendant soixante-quinze ans, comme du cinnamome dans un flacon d'or rouge : la poudre enivrante est dispersée, mais le parfum persiste et nous grise toujours. Si nous cherchions des hommes, nous trouverions fatalement des bassesses. Lucera est de ces lieux sacrés qui, par leur ruine matérielle et morale, réclament une entière piété, celle que la poésie des âmes peut seule apporter. La vérité, devant une telle destruction, ainsi qu'à Siponto et à San Leonardo, non pas même des choses mais des sentiments et des idées, fausserait la vision, que le vagabondage de l'esprit à travers des imaginations attendries rendra mille fois plus vivante et plus vraie.

*
* *

Aussi n'est-ce pas à Lucera que je veux évoquer Frédéric II ni ses ancêtres. Je les trouverai dans des villes plus propices aux faits. Et, tandis que je reviens vers Foggia, c'est à Charles d'Anjou que je songe, le destructeur du rêve normand, l'artisan de cette ruine, et qui mourut à Foggia, au pied de cette rocca qu'il avait voulu conserver pour son usage, mais qui fut rebelle à tout ce qui n'était pas son destin premier. J'enfouis Manfred et les Normands dans la prairie, et c'est à Charles d'Anjou que je demande de me ramener parmi les vivants, parmi les pauvres hommes.

Il est vraiment l'un des plus tristes sires de l'histoire. « Ni visible, ni accessible, ni affable, ni aimable, » disait de lui son meilleur ami, le pape qui l'avait appelé en Italie. Et l'on peut ajouter: cruel, méchant, lâche, avaricieux, fourbe et grossier. Aussitôt après la mort de Conradin, il ne voit plus d'obstacle qui puisse l'arrêter, et, juste châtiment, le pape est sur le point d'assister à la formation de ce grand royaume rêvé par Manfred. Le plat, cynique et fourbe insolent qu'est le frère de saint Louis, lui aussi, regarde vers l'Orient, comme tous les autres, Guiscard ou Roger, ou Guillaume; seul Manfred se limita, dans un fin équilibre. Soyons juste. Charles obtint de l'Italie ce que personne, jusque-là, n'avait obtenu: l'unité de sentiment. Les intrigues qu'il noue à toutes les querelles entre les seigneurs, les évêques et les villes, ses cruautés, ses parjures, apaisent aussitôt les dissentiments. Instantanément, l'Italie tout entière, ou à peu près, est guelfe. Et Charles se voit déjà, l'Italie écrasée par lui, roi d'Italie, empeur d'Occident, d'Orient aussi, après! Au point qu'il ne craint plus de molester ses frères de France. Au retour de la croisade au cours de laquelle saint Louis est mort, la flotte des croisés fait naufrage près de Trapani ; dix-huit vaisseaux, quatre mille hommes furent engloutis. Charles, aussitôt, de confisquer toutes les épaves et tous les navires jetés à la côte, en invoquant une vieille constitution du roi Guillaume.

Avec une si belle âme, comment va-t-il se tirer de l'inimitié de l'Italie? En semant la discorde, en réveillant les querelles, en trompant tout le monde, en soufflant sur le feu à moitié éteint. Cela lui réussit, d'ailleurs ; et lorsque Nicolas III, Orsini, monte dans la chaire de Pierre, en 1277, il trouve Charles souverain des Deux-Siciles, vicaire impérial en Toscane, gouverneur de Bologne, maître de la Romagne, seigneur en Piémont. Il y a dix ans que Manfred a dû disparaître pour éviter à l'Église ce qui est, et ce qui est c'est l'œuvre de l'Église ! Nicolas joue admirablement de l'empereur auprès de Charles, et de Charles auprès de l'Empereur. A l'instigation du pape, Charles renonce au vicariat et au sénatoriat afin de ne pas inquiéter l'empereur ; l'empereur sépare les provinces d'Empire des provinces de Saint-Siège, c'est-à-dire qu'il donne définitivement au pape l'Émilie, la Romagne et les Marches, bref tout le domaine de la fameuse donation, jusqu'alors fictif. Lorsque Nicolas meurt, Charles est réduit aux Deux-Siciles. Il prend alors sa revanche. Pendant les travaux du conclave, il fait enlever et emprisonner les cardinaux suspects, et c'est un Français, Martin IV, qui est élu, et qui charge son protecteur de mettre garnison dans les villes du nouvel État. Charles respire. Il exulte même, et songe à passer en Orient : le rêve éternel. Il va partir, lorsque Giovanni da Procida l'arrête. La Sicile s'agite à la voix de cet agent d'Aragon. Le 30 mars 1282, éclatent les Vêpres siciliennes. Je les retrouverai en Sicile. Charles, en apprenant la nouvelle, poussa le cri où perce toute la bassesse de son âme : « Sire Dieu ! puisqu'il t'a plu de m'envoyer la fortune contraire, qu'il te plaise aussi d'ordonner que ma décadence ne se fasse qu'à petits pas ! » Tout de même, Manfred n'eût pas dit cela. Charles trouvait sans doute son mot joli, car il le répéta, lorsqu'il vit, de Reggio, sa flotte, qui bloquait Messine, incendiée par Procida : « Faites que la *descente* soit douce ! » Et, pour se donner du temps, il offre à Pierre d'Aragon un combat singulier. Le pape, naturellement, défendit ce champ clos ;

si on s'en rapportait au hasard, que deviendrait son autorité? Et Martin lance le roi de France contre Aragon, dépose Pierre, trouble l'eau tant qu'il peut : lorsqu'on se raccommodera, il faudra bien le consulter, et payer. En mai 1284, Charles, qui était en Provence, fit voile pour Naples devant laquelle croisait Roger de Loria. Le fils de Charles, Charles-le-Boiteux, prince de Salerne, voulut dégager la route : il fut fait prisonnier. Charles débarqua néanmoins à Gaëte. Mais, décidément, la descente était rapide. Plus rapide qu'il ne le voulait, car, venu à Foggia pour se ravitailler sur les troupeaux, Charles y meurt, le 7 janvier 1285. La même année, le roi de France disparaît, puis Pierre d'Aragon, et Martin lui-même.

Le Boiteux avait été à bonne école. Après avoir fait la paix, par laquelle le fils de Pierre d'Aragon, Jacques, gardait la Sicile, et par laquelle le Boiteux, à qui échéait Naples, s'engageait à faire rendre Aragon aux Aragonnais par Charles de Valois, le neveu de saint Louis, Charles II d'Anjou, dit le Boiteux, courait à Rieti se faire couronner roi des Deux-Siciles et délier de ses serments. Mais ce pape lui-même allait manquer aux Anjous d'Italie. C'est le soufflet d'Agnani, la lutte des

Orsini et des Colonna, et l'élection au pontificat de Bertrand de Got, qui prit le nom de Clément V et transporta le siège de la papauté à Avignon, chez le roi de Naples.

Quelle gloire ! Sans profit. Charles se trouve aux prises avec Henri de Luxembourg, lequel est encouragé, d'ailleurs, en sous-main, par Clément. Si Charles est libre de ses mouvements, en effet, que deviendra le royaume pontifical ? Et voilà toute l'Italie déchaînée, à feu et à sang. Le beau résultat ! L'ambition universelle de Frédéric II en fut cause pour sa part, sans doute. Mais Manfred avait paru, qui était sage. Il fut sacrifié à la peur et à l'avidité. Pour garder un royaume, le pape a tout perdu. Il est exilé, et le grand mouvement des municipalités italiennes du Nord se déroule, tandis que le Sud reste uni, toujours redoutable par conséquent. Les deux Jeannes vont régner avec scandale, jusqu'au jour où Alphonse d'Aragon viendra mettre la paix en s'emparant du royaume méridional, et Charles-Quint de tout. L'appel des Francs par les papes, au VIIIe siècle, avait abouti à la honte de Théophylacte, à cette folle aventure que Spolète, autrefois, me rappelait. Le second appel des Francs au XIIIe siècle aboutit à l'exil d'Avignon, aux deux Jeannes de Naples et, finalement, à Charles-

Quint et aux Bourbons. Si peu que l'on connaisse encore l'histoire des Normands, du royaume des Rogers et des Guillaumes, dont le dernier descendant, Manfred, voulait, si judicieusement, conserver dans ses limites strictes l'héritage, comment ne pas gémir, avec les pierres de Lucera, sur tant d'aberration? Le gant jeté par Conradin du haut de son échafaud, ce gant ramassé par Pierre d'Aragon, ce seront finalement, au nez de la papauté inconséquente, les Savoie qui l'enfileront.

III

LE BEAU NAVIRE

Trani.

J'ai passé l'Aufidus, comme, autrefois, sur les mêmes bords marins, je passai le Rubicon. L'un des plus grands désastres de la république romaine eut ces rives pour théâtre, et qui virent les efforts obstinés des blonds enfants de la Normandie après leur défaite par les Grecs.

Les Normands se trempèrent dans l'infortune, et, cinquante ans après la bataille du Fortore, vengèrent à Bari leurs pères et Annibal par surcroît. Pas plus que le Rubicon, l'Aufidus ne se souvient de ces héroïques passeurs. Comme le Rubicon, il a changé aussi de nom. Aufidus est devenu Ofanto, et Ofanto est un mince cours d'eau aussi guéable que le Pisciatello de César. Tant que le Basileus régnait encore sur la terre romaine, la fiction du vieil empire, tout au moins, durait toujours. Les

Normands y mirent fin, et ce n'est pas leur moindre gloire que d'avoir résolument brisé le lien oriental qui étouffait l'Italie. Je franchis l'Ofanto, en adressant un salut à Paul-Emile. Je le saute en pensant à Robert Guiscard et à ses frères, dont l'œuvre artistique et sociale est la raison qui m'amène en ce pays stérile et ravagé. C'est toujours la plaine blanche des Pouilles, ses rochers et ses rares cultures, sa platitude nue et ses lugubres cités. Je la regarde bien, cette plaine, et je la regarderai jusqu'au bout, pour en comprendre la leçon moderne. Comme j'ai fait dans le *Tavoliere* pour les monuments, je veux laisser agir l'impression, mûrir la sensation et lorsque, ainsi qu'Annibal, je me dirigerai vers la Campanie, alors je tâcherai de résumer et de conclure. Aujourd'hui encore, c'est tout à l'art et aux souvenirs héroïques que je veux être. Barletta, où je viens déjeuner, va satisfaire le premier terme du problème, pour sa part modeste, mais non sans beauté.

Barletta est une jolie ville, claire, ouverte, propre, oh merveille ! sentant bon la mer qui la baigne et l'enrichit. Barletta est une ville moderne où l'industrie et le commerce sont florissants. Dans la cour de la gare, un jeune homme m'a abordé, qui parlait un pur français. Il m'a affirmé n'être jamais venu en France. Employé dans une usine, il a appris notre langue dans les livres, et il s'en sert pour ses fonctions. Cela m'a frappé. Tant d'autres faits aussi qui montrent les ressources que contient l'Italie méridionale ! Puisque, je le vois bien depuis les quelques jours que je traverse les campagnes, puisque la terre est rebelle, la renaissance ne serait-elle pas dans l'industrie? On traite peut-être trop légèrement Naples de grande cité industrielle. La puissance de travail de l'Italien du Sud est considérable, quoi qu'on dise. Sa prétendue paresse n'est que l'effet de la misère et de la vanité de toute peine sur ce sol ingrat. Ceux qui l'ont vu à l'œuvre en Amérique le savent laborieux. En créant l'industrie méridionale, on peut donner à ces populations découragées une rémunération proportionnée à leur effort. Le Nord, à la fois agricole et industriel, gardera toujours sa supériorité ; mais le Sud industriel montera sur un échelon plus élevé de la civilisation et du bien-être. Et ce n'est pas sans plaisir que tout ami de l'Italie peut voir des petites cités, comme Barletta, se hausser à un aspect aisé, le salaire, ici, si faible qu'il soit, fournissant d'abord au manœuvre plus que ne rapporte la culture, lui permettant ensuite, étant donnée la sobriété de la race, un bien-être familial plus grand. Au cours du discours que je citais l'autre jour, M. Fortunato plongeait le Sénat dans une stupeur profonde : « Je connais des pays où l'on boit plus de vin que d'eau, où les malheureux trompent le temps et la faim en s'enivrant ». Le mouvement prolongé qui suivit cette affirmation, l'entendez-vous, en France, devenir un formidable éclat de rire pour tant de naïveté ? Sobre et laborieux, que ne peut faire l'Italien, si on lui donne le moyen de travailler ? Barletta s'est ouverte à l'industrie que son port facilite, et il m'a semblé y voir déjà circuler cette petite bourgeoisie qui est la force des nations puisqu'elle en est l'épargne. L'épargne, c'est cela qui manque le plus ici, le bas de laine qui se vide au profit d'entreprises, sources de richesse publique. Peu à peu il se remplira, et l'Italie méridionale, grâce aussi à un autre facteur dont je parlerai bientôt, peut devenir dans cinquante ou cent ans, la grande ressource de l'Italie laborieuse.

Ce qu'elle est aujourd'hui d'ailleurs, Barletta l'était déjà en partie au temps des Normands. Les Croisades furent, pour elle, bienfaisantes. Bari ruinée, prise et reprise par les Normands et les Grecs, ne semblait pas assez sûre encore. Barletta, plus tranquille, était le grand entrepôt des échanges avec l'Orient. Les Normands en avaient fait une place forte aussi, d'où ils surveillaient les Pouilles et la mer. Leur trace est manifeste dans les monuments, dont les deux principaux sont l'église du Saint Sépulcre et la cathédrale, Santa Maria Maggiore. C'est en vain que l'on chercherait, dans ces deux églises, quelque trace grecque ou arabe. Elles sont, toutes deux, de pure style septentrional. Et le Saint Sépulcre offre une particularité rare : il est bourguignon, c'est-à-dire de ce style sévère, trapu, où M. Emile Bertaux, dont on ne saurait assez louer l'œuvre admirable qu'il a élevée à l'art dans l'Italie méridionale, œuvre de science et de goût, sans la connaissance de laquelle on ne pourrait rien comprendre de ce qu'on rencontre, où M. Emile Bertaux a si bien reconnu l'église même de notre Vézelay. Les moines de Citeaux introduisirent-ils directement ce style ? Les croisés, revenant de Syrie, où l'on voit des églises semblables, le rapportèrent-ils ? Ce n'est qu'une nuance, importante pour le savant, indifférente pour nous. Ce qui vaut à nos yeux, c'est cet aspect familier ; et, je veux le constater une fois pour toutes, rien n'est plus émouvant que, sur cette terre d'Italie où il a fallu nous faire une éducation nouvelle, où nous avons eu tant de peine à rejeter notre atavique conception de l'art religieux, à comprendre les églises de la Toscane, de l'Emilie et de l'Ombrie, que de retrouver nos premières et nationales œuvres.

Qu'est donc cette cathédrale de Barletta, cette Santa Maria Maggiore, si ce n'est une église romane, dont le porche principal avec ses lions emmanchés de colonnes, dont le clocher, sous la voûte duquel passe la rue, sont les seules formes italiennes ? Elle ressemble, cette cathédrale, à Saint Nicolas de Bari, la pure église normande venue, en droite ligne et sans corruption, de notre Caen. Alors, dans la petite ville si claire, aux larges rues avenantes, aux places et aux jardins nombreux, à la belle plage bien ouverte, au milieu d'un peuple animé, il me semble que je me promène dans quelque bonne ville de France, toute réjouie d'un printemps précoce et d'une vie nouvelle à laquelle elle renaît.

*
* *

Moins ouverte, moins gaie est Trani. Les nouveaux quartiers ont de longues rues, des maisons neuves. Ils ont l'air inhabités. Entre Barletta et Bari, Trani est quelque peu écrasée. Elle offre, en revanche, au passant, à défaut de gîte confortable, ses vieilles rues, véritable labyrinthe autour du port à moitié ensablé, sa promenade, la Villa, qui étend le long de la mer un ravissant jardin en terrasse, où le voyageur goûte un doux repos; elle offre surtout sa fabuleuse cathédrale.

Au nord de la petite rade, sur un môle naturel que la mer entoure de trois côtés, l'église s'élève du sein des eaux et découpe sur les flots qui la baignent une silhouette aiguë, rocher de Cyclope, pointe de falaise. Du haut du fortin qui lui fait pendant au Sud, la rade entre les deux, je la vois étroite et haute, piquant son clocher dans l'azur, son abside écrasée, dirait-on, par le flot qui la bat, les transepts raccourcis, semble-t-il, pour ne pas déborder sur les flots. Lorsque j'en regardai l'image pour la première fois, dans l'ouvrage de M. Émile Bertaux, *L'Art dans l'Italie Méridionale,* je m'étais promis, dût-il m'en coûter des nuits orageuses, Trani dût-elle ne posséder que cet attrait, je m'étais promis de voir cette église romane, découpée sur la mer d'Italie, ce sourire septentrional sur les flots d'Orient. Je n'en vois plus aujourd'hui que la ligne, que son dessin paysager sur le fond mouvant de la mer scintillante. Le beau phare pour éclairer ces bords! Ce qu'était, et ce que sera redevenu demain, le campanile de Venise au fond de l'Adriatique, étoile du matin perdue, ce clocher de Trani l'est plus extraordinairement encore, piqué au sein des vagues, pointe avancée sur un rocher qu'il dénonce. La mer frappe les murs, qu'elle enserre comme elle presse un navire. Si jamais le beau mot de Dante, qui appelait l'Église « Celle qui est assise sur les eaux », s'est trouvé réalisé, c'est ici. Voici bien la nef incessamment battue, et sur laquelle tant d'hommes aiment à monter pour le lointain voyage. Que le vent s'élève, et je verrai l'église glisser, prendre le large et, à l'horizon, s'enfoncer dans le ciel. Effilée, serrée dans ses flancs étroits comme un vaisseau recourbé, Saint Nicolas de Trani semble balancer sur les vagues une coque gémissante. Elle a jeté l'ancre sur laquelle elle chasse, attendant le signal. Vers le Nord, elle guette la flotte vénitienne, à laquelle elle doit se joindre pour passer en Terre Sainte. Déjà, elle a pris les devants, toute caressée d'écume, n'ayant plus qu'à déplier les voiles et à hisser l'oriflamme. Le ciel, aujourd'hui, est d'une pureté sans égale. La mer reste silencieuse. Au fond du port les barques sommeillent. Sur les quais, nulle âme ne rôde. La poupe vigilante est seule à vivre de ses rondeurs qui courbent le flot, de ses antennes qui poignardent l'azur, prêtes toutes ensemble à braver les tempêtes, qu'elles attendent sans faiblir.

« Le 20 mai de l'an 1094, dit M. Émile Bertaux, dans un des jours où repassaient par la ville les pèlerins qui venaient de visiter le nouveau sanctuaire (Saint Nicolas de Bari), un jeune homme, qui portait les cheveux longs des Grecs et la panetière des mendiants, et qui tenait à la main une large croix, traversa les rues de Trani, en psalmodiant sans relâche, d'une voix épuisée : « Kyrie, eleison ! » ; puis il alla tomber, brisé de fatigue, devant la cathédrale, église épiscopale bâtie au IXe siècle. On s'empressa autour de lui. C'était un pâtre, Nicolas, né en Livadie, dans une ferme qui dépendait du grand monastère de Saint Luc. Dès son enfance, il n'avait cessé, disait-on, de répéter ces deux mots de l'invocation, qui devaient rester toute sa science. La mère du petit berger, prenant son fils pour un énergumène, le remit aux moines de Saint Luc, qui en firent leur souffre-douleur. L'enfant finit par quitter le monastère, pour vivre dans les solitudes, sa croix à la main, balbutiant toujours sa monotone prière. Un jour, à la suite d'un rêve, le désir lui vint de gagner la « Longobardie ». Il put se faire embarquer à Naupacte, où il rencontra un moine, nommé Berthélemi, qui s'attacha à lui. Tous deux, ils débarquèrent à Otrante. De là, Nicolas-le-Pèlerin gagna Lecce et Tarente. Les autorités ècclésiastiques étaient dures à ce vagabond. L'innocent recueillit de ville en ville des injures et des coups. Il arrivait à Trani épuisé et sanglant. Pendant dix jours, il parcourut la ville, suivi de tous les enfants qu'il attirait en leur donnant des fruits, cueillis aux vergers de la route. Le 2 juin, il mourut ».

L'occasion était trop belle pour Trani, qui voyait, avec envie, passer, chaque jour, la longue file des pèlerins se dirigeant vers Bari, où les cendres de saint Nicolas, le grand Nicolas des petits enfants, venaient d'être rapportées. Nicolas-le-Pèlerin, quatre ans après sa mort, était promu au rang de saint et l'archevêque de Trani bâtit, au-dessus de la vieille basilique, une église nouvelle, capable de contenir la foule des dévots détournés de la ville rivale. Les petits enfants y gagnèrent, puisqu'ils eurent désormais deux patrons. L'art aussi. Mais, de même que Nicolas de Trani n'était qu'un pastiche de Nicolas de Bari, de même l'église de Trani ne fut qu'une copie de celle de Bari, avec les modifications nécessitées par l'église primitive, et qui devint la crypte où reposaient les cendres du simple d'esprit devenu, grâce à la rivalité municipale, un saint. Ce sont ces modifications qui constituent aujourd'hui l'originalité du monument. Tournant le dos à la mer, la façade élève au-dessus d'un perron ses arcatures nerveuses, trapues, formant portique. La vieille église a imposé cette surélévation en même temps que la disposition étroite, allongée de l'édifice tout entier, avec ses transepts si courts, à peine saillants hors des nefs. De plus, sous la poussée des voûtes de la crypte et de l'église nouvelle, les murs de celle-ci cédèrent bientôt. Il fallut les étayer par des contreforts qui sont, en leur forme d'arcades, la dernière particularité de l'œuvre. Ainsi dressée au-dessus du sol, ainsi soutenue, ainsi allongée, la cathédrale de Trani prit alors cette allure navale qui m'enchante aujourd'hui. Ces explications architectoniques, je me les dois ; tout de même, je les repousse de mon esprit. Il est des raisons cachées aux hommes mêmes, et qui les mènent. Il se peut que l'idéal religieux des Normands leur ait inspiré ce modèle, classique à leurs yeux, et que la nécessité ait commandé ces transepts et ces arcades. Mais je suis bien sûr que le paysage imposa aussi sa loi. On appelle coïncidence ce qui n'est souvent que le résultat de l'obscure volonté qui maintient l'harmonie du monde. L'évêque Byzantius crut obéir à un scrupule pieux, et se montrer économe des deniers publics, en superposant les deux églises. Je suis bien sûr aujourd'hui, en regardant le rocher où s'élève Saint Nicolas, le promontoire qu'il couronne, la mer berceuse alentour, je suis bien sûr que cette inspiration mystérieuse lui souffla la belle felouque dont il creusa les flancs. Jamais fabrique ne baigna dans un paysage avec une telle convenance. Et lorsque, au siècle dernier, un sacrilège stupide défigura l'intérieur de l'église, au point de marteler les chapiteaux et de fermer les baies du triforium, il respecta la galère dans sa forme élancée, il n'osa toucher à la coque ; la cathédrale de Trani, déshonorée de badigeons, continue à voguer, son clocher à chanter comme un mât dans le vent, et les oiseaux de la mer se reposent sur les arêtes des voûtes, ainsi que les alcyons fatigués viennent, au milieu de l'océan, replier un instant leurs ailes sur les vergues des vaisseaux.

*
* *

Ce matin à la première heure, on vient m'avertir que mon équipage m'attend. Les cavalli font sonner sous mes fenêtres leurs grelots aigus, et agitent les pompons rouges de leurs harnais. Pendant près de quatre heures, je vais rouler, encore une fois, à travers les Pouilles, parmi les champs de pierres, entre les haies de cactus et, quelquefois, sous l'ombrage des oliviers tordus. Là-bas, dominant le désert calcaire, Castel del Monte m'appelle. Tout autant que le pauvre idiot de Livadie, le château de Frédéric II m'a attiré à Trani. Pour lui, je braverais une Foggia sans Pepito !

En pente douce, la route monte lentement vers Andria, que Frédéric déclarait chérir entre toutes. Tendresse toute politique, n'en doutons pas. Au cœur des Pouilles, sur la route menant de la Campanie à l'Adriatique, Andria était une place de premier ordre. Il fallait bien l'aimer pour la garder fidèle. Le petit-fils de Roger II, élevé en Sicile, eut toute sa vie la nostalgie de Palerme, où, lorsqu'il lui serait permis de ne plus feindre, il voulait retourner, et retourna dans son cercueil. Andria devra bien me surprendre par sa beauté propre pour me plaire : les souvenirs seuls ne me la rendront pas aimable. La route qui y mène, me la peint déjà pauvre et sèche. La nature que je vois est encore moins verte que celle du *Tavoliere*. Il y a des champs ensemencés, sans doute ; il y a des oliviers, il y a des semblants de culture. Mais de partout, entre chaque sillon, sous chaque arbre, la pierre blanche déborde. On la voit ramassée, rejetée sur les côtés, entassée en murs bas, on la voit qui perce dans chaque sillon. Ce n'est pas la longue table sur laquelle l'herbe a poussé ; le massif a été désagrégé, découpé en une infinité de morceaux ; des millions de brouettes ont déversé leurs petits cailloux. On dirait une plage de galets sur laquelle peu à peu quelque humus se serait déposé. Pas un renflement, pas un mouvement, quels qu'ils soient : rien qu'un champ de pierres, à bâtir un Paris. L'industrie des hommes qui ont réussi à cultiver cela, est vraiment prodigieuse. Ce sont ces hommes qui habitent Andria. La caractéristique de cette étendue dénudée est dans l'absence de villages. C'est que le village y est impossible. Il lui faudrait de l'eau, et il n'y en a pas. Alors, autour d'un point d'eau, comme dans les oasis du désert africain, les hommes s'entassent. Et c'est une ville, Andria ou Corato, de cinquante mille âmes ; non, pas une ville, un grand village, sans bourgeoisie, où tout le monde va nu-pieds et porte la bêche. Le lundi matin, l'âne portant le tonneau d'eau et les outils, l'homme part pour le travail, à dix, quinze, vingt kilomètres de la ville, emportant la nourriture de la semaine. Et les petites pyramides de pierre sèche, percées d'un trou à la base, qui sont les seules protubérances de cette immensité pierreuse, l'abritent jusqu'au dimanche. D'une petite charrue à un seul tranchant, étroite et légère, il écorche tout juste le mince humus qui cache à peine le calcaire, heureux lorsque les oliviers veulent bien lui dispenser quelques fruits. A Foggia, j'avais vu dans les rues de beaux tonneaux, traînés par des chevaux, et sur lesquels était écrit : *Eau potable*. Ils étaient très achalandés. Je comprends maintenant leur secret, qui n'est pas dans l'incurie de la cité, mais dans le plus triste dénûment de la terre. Cette tristesse est infinie. Lorsqu'on vient de notre verdoyante et fertile France, lorsqu'on a parcouru la Toscane, la Lombardie, l'Ombrie, on ne peut croire que, sous un climat semblable, puisse exister une pareille misère des champs. Rien, jamais ; personne, non plus. Des kilomètres se couvrent sans rencontre humaine, sans trace de maisons. Çà et là, les pyramides, sortes de *trulli,* se dressent et ajoutent à la désolation, puisqu'elles rappellent la triste condition de leurs hôtes, obligés à l'exil perpétuel, à qui toute vie familiale est interdite, loin de tout, des enfants et des femmes, dans la solitude éternelle, grattant un sol rebelle, et qu'ils savent à peu près impuissant à produire.

J'ai vu Andria, sa cathédrale où le baroque a passé, c'est tout dire, sa petite église San Agostino au porche normand, et Santa Croce creusée sous terre, dans le roc ; puis je suis reparti à travers les pierres et les *trulli,* entre les cactus poussiéreux. On construit en ce moment, moyennant des centaines de millions, un aqueduc qui, dans cinq ou six ans, amènera les eaux des montagnes. Les Pouilles, grâce à cette eau, naîtront-elles enfin à la vie ? Mais de quelle large nappe chargée de limon il faudrait noyer ces pierres ! Un Nil pourrait y travailler durant des siècles. Les hommes, du moins, s'abreuveront, arroseront peut-être des jardins et s'établiront au bord de leur champ. Mais celui-ci sera toujours tel que je le vois, de gros cailloux ; et Castel del Monte, que j'aperçois maintenant, dominera toujours un fond de mer : lorsque les compagnons de Guiscard, venus des plages normandes, arrivèrent en Pouilles et qu'ils aperçurent l'Adriatique, ils durent se croire encore au haut des falaises du pays de Caux.

Spia delle Puglie, « espion des Pouilles », ainsi appelle-t-on Castel del Monte. La chasse au faucon, pour laquelle il bâtit ce château, avait, aux yeux de Frédéric, le même genre d'attrait qu'Andria. Il les aimait toutes deux pour les mêmes raisons. Au milieu de la grande plaine pierreuse, à peine inclinée, tout à coup un monticule se dresse, encore plus aride que ses contours, sans un arbre cette fois, ni un épi, à peine quelques genêts par-ci par-là. De pente assez raide pour qu'il faille le prendre en lacets, ce cône arrondit des flancs de cailloux blancs, assez semblables aux tas méthodiquement rangés pour la recharge des routes, mais une route de géants. Le haut de ce large amas atteint cinq cent quarante mètres au-dessus de la mer ; il a été nivelé en plate-forme, sur laquelle le château est bâti. Spia ! Il n'est pas un geste fait sur terre et sur mer qui, d'ici, ne se puisse observer. On voit tout, la morne étendue des charretées calcaires répandues, la mer, le Gargano, et, derrière, la Basilicate, avec ses montagnes inquiétantes que préside le Vultur. L'ennemi, d'où qu'il vienne, sera vu, et il verra, en même temps que les sujets soumis, la forteresse imposante. Car ce pavillon de chasse est une forteresse. Lautrec, qui la canonna en 1552, ne s'y était pas trompé. D'autant moins trompé qu'elle ressemblait aux châteaux de France. Sur cette terre des Pouilles, la France est partout, en effet. Frédéric II, descendant des Normands, la porte en lui, et ses goûts orientaux n'effacent pas son instinct. En Sicile, ses pères avaient été conquis autant qu'ils conquirent. Loin de la Sicile, le sang agit mieux, et Frédéric bâtit, églises ou palais, sans presque se souvenir de son éducation byzantine et arabe. Une seule fois, à Castel del Monte précisément, il s'efforça d'oublier ses origines; ce sera pour inventer la Renaissance — au XIIIe siècle! — par la porte monumentale qui introduit dans le château : un architecte italien a dit que cette porte était l'œuvre d'un artiste aussi audacieux et génial qu'Alberti ; c'est la vérité même. La porte et les fenêtres de Castel del Monte, la porte surtout, les fenêtres étant aussi gothiques, ont précédé de deux cents ans l'effort de Florence ; Brunellesco ne créera rien de plus nouveau.

A part cette porte, Castel del Monte est une forteresse purement française, octogonale, les pans flanqués de tours, les huit tours elles-mêmes octogonales. Il n'y a pas de façade, il ne peut y en avoir sur ce piton central. L'octogone est régulier et de détails pareils. L'intérieur est divisé semblablement. Chaque pan, entre les tours, forme une salle, sur deux étages; donc huit salles de même dimension, les tours servant de communication. Quant à l'appareil de construction, c'est celui des églises romanes, piliers ronds, branches d'ogives, faisceaux de colonnettes. Jusque dans le détail, s'aperçoit ce souvenir français, par les réminiscences bourguignonnes, comme à Trani. Frédéric avait-il apprécié en Syrie, les croisés lui avaient-ils vanté l'excellence défensive des châteaux paternels? Faut-il conclure, avec M. Émile Berteaux, que l'art français d'Italie vint par l'Orient? Cela peut s'admettre peut-être pour l'art profane, non pas pour l'art religieux, puisque Saint Nicolas de Bari, le modèle de toutes les églises d'Apulie, fut construite dix ans avant la première croisade. De même en Sicile, où la cathédrale de Palerme est bâtie en 1098, au cours de la première croisade. Et l'art profane de Sicile est purement arabe; les Normands l'ont trouvé tout installé, lors de leur conquête. Il me paraît beaucoup plus logique et naturel d'accepter la route la plus simple et la plus courte : les Normands apportèrent leur idéal religieux avec eux ; dans les pays paisibles comme la Sicile, ils cultivèrent l'art profane qui leur plaisait, qui n'était pas soumis à leur conscience de chrétiens ; et, dans les pays de bataille comme l'Apulie, ils se soumirent aux nécessités guerrières. Frédéric bâtit ses églises selon les temples que ses yeux d'enfant avaient admirés ; il bâtit ses châteaux selon les obligations militaires qui se trouvaient justement conformes à ses instincts de Normand, conformes aussi à ce qu'il avait vu de forteresses au cours de ses huit années de séjour en Allemagne. N'est-il pas, d'ailleurs, frappant de trouver, à l'intérieur du château, où l'on est moins soumis aux circonstances, d'y trouver le pendant de la porte monumentale, par l'appareil réticulé de certains murs, par le cipolin employé aussi ? La fusion opérée, en Sicile, par les Normands, des arts gothique, grec et arabe, inspire Frédéric. Il imite les procédés et les décors romains, il fait un bond jusqu'à l'antique, et c'est l'œuvre même de la Renaissance qu'il essaie, avant celle-ci.

J'ai longtemps erré dans les tristes chambres semblables à des chapelles. J'y ai poursuivi les ombres farouches et mélancoliques de leurs habitants. Avant d'être transférés à Naples, les fils de Manfred, livrés à Trani, Henri, Frédéric et Enzo, leur cousin Conrad, comte de Caserte, fils d'une fille de Frédéric II et de Henri de Castille, partisan de Conradin, et qui avait été sur le point d'épouser la veuve de Manfred, tous quatre furent enfermés derrière ces murs formidables. Point n'était besoin de machicoulis, de fossés, de pont-levis, pour les garder. La prison était sûre ; on en pouvait ouvrir les portes ; quiconque voulait s'enfuir, devait courir des lieues avant d'échapper aux sentinelles ; par l'une des fenêtres je regarde à l'entour, et mon œil se perd dans la ligne de l'horizon. Là-bas, Lucera surveille les défilés par où peuvent descendre les Campaniens, les Lombards et les papistes. Ici, Castel del Monte guette les Grecs que la mer peut ramener, par Bari ou Tarente. Dans l'étendue pierreuse, baignant dans l'air si pur et si clair, où chaque objet prend un relief accentué, Castel del Monte, aux tours tronquées, au toit plat fait pour recueillir l'eau du ciel, est le belvédère symbolique, d'où la monarchie normande surveillait son royaume. Royaume pouilleux, sans doute, et doublement... Mais royaume d'attente, étape dans la conquête du monde, qui manqua.

Frédéric II est le fils de Constance, sœur de Guillaume le Mauvais, fille de Roger II par conséquent. On a donné à Constance, pour mari, le fils de Barberousse, Henri VI. Faite prisonnière par Tancrède, fils d'un bâtard de Roger II, roi élu de Sicile à la mort de Guillaume le Bon, elle est délivrée sur les instances du pape, qui comptait bien en jouer lorsqu'il la tiendrait à Rome. Constance flaire le piège, évite Rome et s'en va vers l'Allemagne. Bientôt, Tancrède et son fils Roger meurent. Le trône de Sicile, des Deux-Siciles, est libre pour Constance; l'empire, le grand empire peut se faire en faveur de Henri VI. L'empereur débarque en Sicile, s'y saisit de la veuve de Tancrède et de ses enfants qu'il envoie mourir en Allemagne; et, le 20 novembre 1196, il se fait couronner à Palerme. Ce fut lui que les Siciliens appelèrent « le Cyclope sanguinaire »; je le verrai en Sicile. Il faudra les Angevins pour en faire oublier, un moment, la terrible mémoire. Au bout d'un an, une fièvre, trop opportune pour être naturelle, le prit à Messine. Il laissait, pour lutter contre les ambitions allemandes et les ruses pontificales, un enfant de trois ans, Frédéric.

De quel sang est Frédéric, d'abord? Par sa mère, pur Normand; son grand-père est Roger II, le neveu de Robert Guiscard, sa grand'-mère est fille d'un Franc, le comte de Rethel. Par son père, Henri VI, il est Allemand. Mais est-il le fils de Henri VI? Celui-ci, lui-même, ne le croyait pas. Prisonnière de Tancrède, Constance a vécu longtemps loin de son époux, reparti pour l'Allemagne. C'est au mois d'août 1191 qu'elle a été faite prisonnière par Tancrède. Elle est délivrée un an après. Elle se dirige vers l'Allemagne. Y arrive-t-elle? Elle dût plutôt attendre son mari, qui descendait à ce moment-là. Où l'attendit-elle? Sur la route, à Jesi, dans la marche d'Ancône, où, tandis que l'empereur se dirige vers le Sud, elle met au monde Frédéric, le 26 décembre 1194. « Le fils du boucher de Jesi », ainsi Henri VI lui-même appelle Frédéric, et Jean de Brienne, beau-frère de Frédéric, lui criait un jour dans la figure: « Mauvais diable, fils d'un boucher de Jesi! » La chose était notoire. Ce qui l'est pour nous, en tout cas, c'est la nature de Frédéric, qui n'a rien d'allemand. Élevé à Palerme, dans le palais des rois, dans les villas royales, dans une cour vivant à l'arabe, grâce aussi à son précepteur le cardinal Savelli qui ui sert de père, Constance étant morte, tandis que Innocent III est le tuteur, Frédéric devient un pur Hauteville. Si l'on pouvait, se dit le pape, renouer avec le roi de Sicile l'entente du Saint-Siège et de Guillaume II, le roi de Sicile protecteur du pape contre l'Empereur? Mais cet empereur, ce sera Frédéric lui-même. La première chose à faire est donc d'élever l'enfant en roi normand et en italien; son sang y aidera beaucoup. Le précepteur reçoit les ordres nécessaires, et l'enfance de Frédéric ressemble à celle de son grand-père, de son oncle et de son cousin, dans les palais et villas arabes de Palerme, dans le harem, au milieu des jongleurs et des almées, selon la tradition du Grand-Comte Roger, mœurs devenues déjà nationales. Et, afin d'éviter toute velléité germanique et tout prétexte à ce jeune homme impétueux, dont le regard déjà brûle de flammes vives, vite on le marie, à seize ans, avec la sœur du roi d'Aragon, Constance.

Le temps d'être père et Frédéric part pour l'Allemagne. Son tuteur, Innocent III, commence à avoir peur. Il pressent que tous les efforts d'isolement vont être perdus. Le jeune homme s'émancipe et réclame sa couronne impériale. Depuis la mort de Henri VI, l'Allemagne se bat à coups d'empereurs. Il y en a deux : le Guelfe, Philippe de Souabe, oncle de Frédéric, le Gibelin, Othon de Brunswick. Frédéric veut mettre tout le monde d'accord, en reprenant son bien dont on l'a dépouillé grâce à sa jeunesse. Est-ce que le Saint-Siège va devoir se défendre contre un nouvel Henri orné des deux couronnes, impériale d'Allemagne, royale des Deux-Siciles ? Frédéric part, mais bien chapitré par Innocent. Et il promet solennellement la séparation des deux souverainetés ; laquelle prendra-t-il ? Il évite de répondre. Il part, réduit ses adversaires à merci, est couronné à Aix-la-Chapelle ; et, lorsqu'il revient en Italie, au bout de huit ans, c'est son ancien maître, Savelli, qu'il trouve assis sur le trône de Pierre, sous le nom d'Honorius III.

Celui-ci a quelque méfiance, malgré sa tendre faiblesse, et il demande à son élève de partir pour la croisade. Ça donnera du temps. Frédéric promet, mais réclame auparavant quelques garanties. Entre autres, la reconnaissance de son fils Henri comme roi d'Allemagne, si lui, Frédéric, vient à mourir. Le pape accepte. « Roi de Sicile, aussi ! — Soit, mais partez ! — Couronnez-moi ! — Voilà, mais dépêchez-vous ! — En revanche, je reconnais la Sicile fief papal, c'est-à-dire que mon successeur devra vous demander l'investiture ». Ou la conquérir contre vous, comme cela s'est fait souvent, pense-t-il. Il pense bien plus encore. Il pense qu'il vient de retrouver « la suavité » de sa patrie, les rives de Sicile, la cour de Palerme ; il pense qu'il veut jouir un peu de la vie, en bon Normand-Sicilien, en Italien qu'il est. D'ailleurs les Sarrasins de Sicile s'agitent, et les barons d'Italie se remuent. Il transporte les Sarrasins à Lucera, en 1224, et se sert d'eux pour mettre la paix dans les Pouilles, peut-être aussi pour intimider le pape. Mais partir ? Voilà que sa femme meurt. Il faut bien qu'il se remarie. Il épouse Yolande de Brienne, fille du roi de Jérusalem ; et, puisqu'on célèbre des noces, il marie, en même temps, son fils Henri à la fille du duc d'Autriche. Sa femme lui est amenée à Brindes, et, le lendemain des noces, il signifie à son beau-père qu'il ait à lui résigner son royaume, avec tous les droits de sa femme ; il prend le titre de Empereur-Auguste, roi de Jérusalem et de Sicile. Le pape est joué, complètement. La colonie de Lucera est doublée de celle de Nocera — façon de faire la croisade assez particulière. Honorius III en meurt de saisissement. Grégoire IX est couronné ; les choses se gâtent aussitôt

Grégoire n'a pas les mêmes raisons d'affection qu'Honorius pour s'abuser. Il fallait être aveugle volontaire comme ce dernier, pour ne pas voir. Frédéric, en 1227, âgé de trente-deux ans, se montre tel qu'il sera jusqu'à sa mort, doué d'une activité prodigieuse, mise au service d'une ambition sans seconde; bon, mais sévère; généreux, mais cruel; mari tendre, mais infidèle; trois femmes, trente-six maîtresses avouées et un harem; brusque et impulsif, mais sachant dissimuler à l'occasion; d'une souplesse extrême; incrédule et superstitieux; d'intelligence vaste, s'intéressant à tout, au droit, à la médecine, à la philosophie, à la poésie: lui-même est poète, comme le sera son fils Manfred; passionné d'agriculture et d'élevage; un véritable chef, enfin, auquel il n'a peut-être manqué que de se dominer soi-même pour être parfait. Mais comme il nous plairait moins! Grégoire l'a deviné le plus grand danger que puisse courir la papauté. Sur cet incrédule, sur cet oriental, sur ce Normand-Sicilien, le prestige pontifical ne peut pas agir beaucoup; contre ce puissant empereur, la force ne peut rien. La ruse? Il est le plus malin. Grégoire a les défauts de Frédéric, la violence et la passion. Il se fâche et somme Frédéric de partir enfin.

Frédéric cède et s'embarque le 8 septembre 1227. Le 11, il débarquait à Otrante, où sa femme Yolande l'attendait. Grégoire, n'y tenant plus, l'excommunie. Mais la ville de Rome prend mal la plaisanterie et chasse Grégoire, qui se réfugie à Pérouse, d'où il délie tous les croisés de leur serment. Il ne voulait donc pas de la croisade ? Si, mais pour lui, pour le bénéfice du royaume pontifical, et non pour le bénéfice de l'Empire, comme la voulait Frédéric. A peine le pape s'est-il retiré de la croisade que Frédéric la trouve nécessaire et urgente. Et il se dirige vers Barletta, où il doit s'embarquer. Sur la route, à Andria, Yolande met au monde Conrad et meurt. Frédéric a maintenant deux fils, Henri nommé futur empereur, Conrad qu'il proclame futur roi des Deux-Siciles. Le 18 juin 1228, il part définitivement pour la Terre-Sainte, sous la malédiction du pape, qui le qualifie de ministre de Mahomet.

Voilà Frédéric bien à l'aise. En un tournemain, il a conquis Jérusalem, sans combat. Puisque l'Église le renie, il traite avec El-Kamel, à qui il promet, comme ses pères en Sicile, de respecter les libertés musulmanes. Il le fait, d'ailleurs, sans esprit de taquinerie envers le pape, mais simplement par largeur d'esprit, aussi par sentiment juste des choses. Tous les chrétiens de Terre-Sainte l'approuvent : l'empereur parti, que deviendraient-ils au milieu des musulmans altérés de vengeance ? Neuf mois après son arrivée, il se couronne roi à Jérusalem même, où il mène la vie qu'il ne lui est pas permis de mener aussi ouvertement dans le palais de Palerme, véritable sultan, se plaisant à faire danser devant lui chrétiennes et almées ; et, comme il aime la musique, il va souvent à la mosquée pour entendre chanter le muezzin. Le pape, bien entendu, a profité de son absence. Les Pouilles, les Abruzzes, la Capitanate sont bientôt en pleine révolte. Frédéric accourt ; c'est le pion rentrant dans la classe en chahut : tout le monde regagne paisiblement sa place. Décidément il n'y a rien à faire contre cet homme-là, et le pape lui tend la main. Frédéric exempte le clergé de la juridiction laïque, Grégoire « accepte » la croisade, approuve le traité avec Kamel, et impose silence aux Templiers et aux Hospitaliers de Syrie qui criaient, à son instigation ; puis on s'embrasse à Agnani.

C'est le triomphe de Frédéric. Va-t-il en jouir ? Il commence par promulguer, à Melfi, les *Institutions* qui seront la charte du royaume. On sait la part de Pierre Desvignes, le fidèle conseiller, qui aura bientôt le sort de Boèce, le confident de Théodoric, dans leur rédaction. D'un mot, on peut les juger : c'est le régime de la Russie moderne avant la Douma, jusque même dans l'indépendance vis-à-vis du pape, réel sinon écrit. D'un autre mot encore, on peut les résumer, d'un mot de Frédéric lui-même : les deux glaives. « L'Église a deux ennemis, ceux de la Foi et ceux de l'État. Pour les abattre, il ne faut pas deux glaives, mais un seul à deux tranchants dont nous userons tous deux », dit-il au pape. Oui, mais qui tient ce glaive dans sa main ? Lui, et il le sait bien.

Il le brandit d'abord contre son fils Henri qui s'est révolté, en Allemagne. Il part, emmenant son autre fils Conrad, déjà roi de Jérusalem. Ce retour de l'empereur en Allemagne produit exactement le même effet que le retour de Terre-Sainte en Italie : chacun court regagner sa place, à son rang, Henri aux pieds de son père qui l'emprisonne au fond de la Calabre, où il meurt bientôt. Frédéric, prestigieux, rayonnant de gloire et de tant de majestés réunies sur son front, ajoute encore à son éclat par la cour qu'il traîne avec lui. Les noirs et tristes Allemands n'en croient pas leurs yeux. Aux fêtes que Fréderic célèbre à Worms pour son mariage avec Isabelle d'Angleterre, en août 1235, figure une véritable smalah d'émir, toute la ménagerie des satrapes, lions, panthères, hyènes, chameaux, faucons blancs et hiboux barbus, que gardent des nègres. Quant à Isabelle, ce sont des eunuques qui veillent sur elle. Devant tant de splendeur, l'Allemagne reste éblouie. L'Italie tremble et forme la ligue lombarde, expression des libertés municipales contre l'absolutisme promulgué à Melfi. Frédéric redescend en Italie et c'est une lutte sauvage qui commence. Il se jette sur tout le monde et sur tout, pillant, brûlant, égorgeant, alliés comme les autres, au petit bonheur. Et il arrive sous les murs de Rome, au moment où Grégoire IX meurt, à l'âge de 99 ans, le 22 août 1241.

Il y a juste un an que Castel del Monte est bâti. Et l'on devine, dès lors, le rôle de ce « pavillon de chasse » au centre des Pouilles, en réalité forteresse destinée à surveiller la province qui fermente toujours, et le pape qui peut montrer son nez, là-haut, derrière la pointe du Vultur. A peine le successeur de Grégoire, Clément IV, est-il élu, qu'il se sauve jusqu'à Lyon, où il déclare Frédéric déchu. La lutte alors devient épouvantable : « Jusqu'ici, j'ai servi d'enclume, dit Frédéric ; maintenant je serai le marteau. — Nous lutterons jusqu'au dernier soupir », répond le pape. C'est que la partie est capitale. Que Frédéric l'emporte, et ce n'est rien moins que l'Empire romain reconstitué, étendu au Nord si Byzance le diminue à l'orient ; et Frédéric n'est-il pas maître en Syrie ? Pour l'Italie, c'est la liberté guelfe, la possibilité de se constituer en nation, en républiques fédératives tout au moins, qui sont menacées. Pour le pape, c'est le lent travail accompli depuis Pépin, c'est-à-dire depuis cinq cents ans, qui est perdu ; le pape ne sera plus que l'évêque de Rome, nommé par l'empereur, comme au temps des Ottons. Au contraire, si la ligue l'emporte, c'est la constitution définitive du royaume papal, la division fatale de l'empire et du royaume, l'indépendance de la Syrie, bref le démembrement de l'œuvre de Frédéric. Alors en Italie, en Allemagne, chacun marche avec ou contre Frédéric. Celui-ci sent que le nœud de la question n'est pas en Allemagne, mais en Italie. Il s'y concentre et y fait au pape la guerre, par tous les moyens. Le pape prêche la croisade contre lui. Et c'est en pleine bataille, le 13 novembre 1250, que Frédéric meurt, âgé de cinquante-six ans, en son château de Fiorentino, près de Lucera, d'une entérite aiguë, ou d'une appendicite.

Par son testament, il laissait l'Allemagne et Naples à Conrad, à défaut de celui-ci à Henri, fils d'Isabelle; la Sicile, en régence à Manfred ; la Palestine et la Provence, à Henri fils d'Isabelle ; si les deux fils légitimes viennent à manquer, tout reviendra à Manfred. Était-il donc la peine de tant batailler en faveur de l'unité impériale pour la supprimer dans le testament? C'est que Frédéric n'eut pas le courage de sacrifier Manfred, son préféré, si beau, si intelligent, si séduisant, possédant toutes les qualités de son père, sans un seul de ses défauts. Manfred, beaucoup plus pondéré et de jugement plus équilibré que son père, dut, on le sait, réduire son rêve. Le pape ne s'y trompa pas. Le danger était beaucoup plus grand encore avec Manfred. Anjou fut appelé, et ce fut la nation italienne, en train de se former, qui périt avec Manfred au pont de Bénévent. Non seulement il n'y avait plus d'empire romain, il n'y avait même plus d'Italie. Le vaisseau de Trani, que je revois dans la gloire du soleil couchant, tandis que je descends de Corato, autre village de trente mille âmes, vers la mer, le vaisseau, mis à l'ancre au bord de l'Adriatique, par les ancêtres de Frédéric, s'enliza bientôt et peu à peu s'enfonça dans les sables, jusqu'en 1859 où une dynastie de princes italiens vint le dégager. Il flotte aujourd'hui sur les flots, et « celle qui est assise sur les eaux » a disparu, à son tour, dans les profondeurs. Non pas le rêve de Frédéric, mais celui de Manfred est réalisé. Le beau navire, le Saint Nicolas de Trani, symbolise uno fortune toute italienne, la modeste mais sûre unité.

IV

DU P'TIT SALÉ JE VEUX AVOIR

Bari.

Bari, c'est une Barletta arrivée. Barletta s'efforce, Bari profite. Grande ville animée, aux magasins riches, aux places brillantes, aux monuments modernes fastueux, au port bien garni. Quartier de grosse bourgeoisie, jardins soignés, boulevard d'une largeur unique, peut-être, en Italie. Toute la vie des Pouilles aboutit à Bari. Elle est, de la province entière, la source et l'embouchure à la fois. Cela se voit, tout de suite, à l'air de prospérité générale de la ville neuve, entre la gare et le promontoire où la vieille ville enchevêtre encore ses rues pittoresques. Tout ce que la navigation entraîne de richesse, de labeur fertile, d'idées même, car les idées voyagent aussi, mêlées aux marchandises, en fraude dans les ballots, invisibles au milieu des grains et des fûts, toute la prospérité qu'apporte l'échange des denrées et des sentiments avec les pays étrangers, se traduit, à Bari, par une fébrilité générale et un besoin d'afficher le succès sur les murs, en fenêtres ouvragées, en pinacles et en clochetons. La place Umberto offre un square comme je n'en vis guère au centre des villes italiennes. L'Ateneo, école des arts et métiers, est un palais considérable, et qui abrite un musée enviable. Il contient une collection de vases grecs et de monnaies, qui est l'une des plus complètes que l'on puisse étudier. Toutes les trouvailles faites dans la province sont réunies ici, et forment un ensemble unique. En quelques minutes on prend conscience du rôle joué par les Grecs dans l'Italie méridionale, bien mieux que par un mois d'étude. Bari ne néglige rien pour rappeler son grand rôle passé, qui justifie son ambition présente et stimule ses enfants. Si elle regorge ainsi de débris, de ces objets familiers que leur destination et leur matière rendent si éphémères, Bari dut en posséder par milliers qui étaient le fruit de ses rapports maritimes, de sa prospérité orientale, de son rôle commercial. Elle en est fière, et de la bonne manière, en continuant. Je sais bien que la tristesse des Pouilles environnantes, leur dénûment, et surtout cet abandon de soi qui est la caractéristique, en ces contrées de cailloux, des hommes et des choses, je sais bien que le contraste entre Bari et ses entours est pour quelque chose dans cette impression. Mais dire cela, c'est précisément constater le fait et non le contredire. Il y a plus que sensation, il y a preuve. Bari veut continuer à vivre ; elle s'est faite moderne pour rester elle-même. Au temps des Romains, la Voie Appienne et la Voie Trajane, qui s'y rencontraient, en faisaient un grand entrepôt de l'empire. Elle entend bien le rester. L'exemple de Venise, devenue simple musée, ne la tente pas. Et puisque l'Orient attachait à sa rade tant d'importance, elle veut montrer que l'Orient ne se trompait pas, comme elle veut prouver que sa route est encore la meilleure pour la jeune monarchie héritière de Rome et des Normands.

C'est pour ceux-ci que je suis venu. Lorsqu'ils chassèrent de Bari les derniers Byzantins, leur conquête fut terminée et l'empire romain définitivement brisé. Romulus Augustule, en 475, ne marqua que l'exode du siège impérial. Byzance conservait un pouvoir effectif, dont le musée de Bari témoignerait à lui seul, si nous ne savions l'histoire des catapans. En 1071, les Normands arrachèrent Bari aux Grecs, et toute l'Italie méridionale avec elle. Ce ne fut point pour eux, selon la prophétie de Virgile, que ces abeilles firent leur miel. Mais la récolte était prête pour Anjou et pour Aragon, qui s'en nourrirent. Que ne se sont-ils aussi nourris de la manne de saint Nicolas ! Les os du paternel évêque de Myra distillent, dit-on, une substance miraculeuse, que des milliers de pèlerins viennent encore aujourd'hui solliciter. Elle n'a point inspiré aux successeurs des Hauteville le respect de l'art que ceux-ci avaient apporté, et selon les principes duquel ils avaient orné le tombeau du patron des petits enfants. L'église Saint Nicolas de Bari était un modèle que ni Anjou, ni Aragon, ne comprirent : l'art baroque l'emporta sur l'art des Normands. Saint Nicolas fut honteusement, à l'intérieur du moins, défiguré. Mais l'extérieur subsiste intact. Saint Nicolas est la clef même de l'architecture dans les Pouilles. Comprendre cette église, c'est tout comprendre, puisque les Normands ne bâtirent que d'après elle ; et c'est tout aimer, puisque ses murs ne font que refléter les plus vénérables et glorieux monuments de l'art français.

Mais c'est une bien grande querelle, où j'hésite à entrer. J'ai peur que ma voix manque d'assurance... Je puis bien, çà et là, au cours de mes rencontres, à Foggia, à San Leonardo, à Barletta, à Trani, constater des ressemblances, des influences. Mais devant le monument type, ne dois-je pas me prononcer en définitive ? Et c'est terrible... M. Émile Bertaux, en qui j'ai toute confiance, m'interdit de parler d' « art normand ». Mais son avis, qui est le dernier émis, est aussi en contradiction avec celui de ses prédécesseurs. Parler d'art normand, c'est se servir d'une expression courante jusqu'au jour où M. Émile Bertaux a entrepris son grand travail sur les monuments de l'Italie méridionale. Puis-je vraiment songer à départager tant de compétences ? Je n'y prétends en aucune façon. Notre affaire, à nous curieux d'émotions, d'où qu'elles viennent, n'est pas d'émettre des théories, mais de sentir. Et si nous avons une opinion, elle n'a d'autre valeur que sa vivacité et sa sincérité.

Je regarde donc Saint Nicolas, et, tout de suite, j'y vois l'indéniable signature septentrionale. Dans un grand mur nu, trois portails sont taillés, percés de portes à arcs de plein cintre, de fenêtres symétriques et divisées en deux arcs trapus, la porte du milieu étant seule sculptée et proéminente, grâce à deux colonnes que portent deux lions ; ce mur se termine, en haut et au centre, par la pointe d'un triangle dont les deux côtés tombent vers les deux portails secondaires et se perdent dans deux tours extrêmes, à l'alignement. Muraille nue, pignon central triangulaire et deux tours, c'est tout Saint-Étienne de Caen, ce sont toutes les vieilles églises de Normandie, dans leurs lignes les plus strictes. Rien d'Italien ici ; le fait qu'aucune église de ce genre n'existe en Italie avant l'invasion normande suffirait à marquer l'initiative de nos pères. L'intérieur de Saint Nicolas accentue, dans les parties essentielles, ce caractère : étroitesse des nefs, tribunes couvertes d'une charpente, et, surtout, la disposition des colonnes alternées de piliers. Manifestement, les Normands ont apporté en Italie des habitudes, un idéal, une forme de piété, qui ne leur ont pas permis d'abriter la divinité dans des asiles autres que ceux où leur enfance avait l'habitude de l'adorer.

Pourquoi donc, alors, en Sicile, d'abord, ont-ils si rapidement renoncé à la conception originelle ? S'ils avaient un idéal ferme, que ferons-nous de la Martorana et de San Cataldo de Palerme ? Mais surtout, puisque nous sommes en Apulie, que ferons-nous de certains détails de ce Saint Nicolas, les colonnes antiques, les chapiteaux de marbre grec au feuillage byzantin, le portique intérieur perpendiculaire aux arcades, et, enfin, et surtout, la coupole, dont on ne voit à Saint Nicolas que l'amorce, mais qui fut élevée sur la cathédrale de Bari, copiée sur Saint Nicolas? Les colonnes antiques, on pourrait encore écarter cet obstacle. Leur emploi est économique plus qu'esthétique. S'il y avait eu des temples en Normandie, on eût dépouillé les temples tout comme on l'a fait en Italie. La coupole est moins facile à écarter. Il m'importe peu qu'un architecte soit ou non venu de Normandie pour élever Saint Nicolas à la façon normande. Ce que je cherche, c'est l'âme même du constructeur, et cette coupole grecque me la montre. Où les Normands ont-ils trouvé cet ornement? Ici même, pays grec, comme ils le trouvèrent sur la route de la Croisade. Leur cœur de chrétiens jeunes ne pouvait suspecter la coupole, puisque c'étaient des chrétiens comme eux, encore en coquetterie avec le catholicisme, en relations avec Rome, qui l'utilisaient. Et comme ils avaient du goût, ils l'adoptèrent aussitôt, la mélangeant seulement à leurs formes originelles. Mais cette coupole n'est qu'un décor oriental sur des membres septentrionaux ; elle ne constitue pas l'essentiel de l'œuvre, qui est normande. Et, alors, je remarque combien est faible ce rappel oriental. A la même époque, en Sicile, les Normands se montraient autrement audacieux. Saint Nicolas de Bari et la Martorana de Palerme sont contemporaines. Qui le croirait, à voir la timidité de la première auprès de l'audace de la seconde? C'est que des raisons sociales, différentes, dirigeaient les Normands, en Sicile et dans les Pouilles. En Sicile, ils avaient trouvé une terre depuis longtemps soustraite à la domination byzantine, aux mains des Arabes, où les deux civilisations, grecque et sarrasine, cependant, prospéraient côte à côte. Ayant chassé les Arabes, ils étaient les maîtres, sans contestation. Ils s'y livrèrent à toute leur fantaisie. Et, ayant pris assez rapidement les mœurs agréables de ceux qu'ils avaient conquis, ils furent naturellement conduits à s'inspirer de leur art. De là les églises de Palerme, d'architecture arabe, si quelques-unes gardent des parties normandes, et de décor byzantin. En Italie méridionale, il n'en va pas de même. En effet, si les conditions politiques et sociales eussent été semblables en Pouilles et en Sicile, il faudrait renoncer à comprendre comment Saint Nicolas de Bari pût dater du temps de Roger II, et comment la cathédrale de Bari pût être rebâtie sur le modèle de Saint Nicolas au lieu de l'être sur les modèles de Palerme, au temps de Guillaume Ier. Toutes différentes de la Sicile étaient les Pouilles. Celles-ci pour faire partie du royaume normand, n'en constituaient pas l'essentiel. Les Normands les occupaient contre Byzance, sur qui ils les avaient conquises, afin de préserver leur domaine de Calabre, de Campanie et de Sicile, des ambitions grecques et lombardes ; s'ils étaient obligés de tenir les Pouilles, leur cœur n'y était point. Sorte de Marche de leur empire, les Pouilles n'eurent jamais pour eux qu'un caractère militaire. Elles servaient à se protéger, et la prise de Bari ne fut qu'une opération de guerre, non pas un acte social. Elles promettaient aussi une conquête plus facile de l'Orient, le jour où on serait assez fort pour tenter celle-ci. Les Normands gardèrent, dès lors, en Apulie, leur âme première, celle qu'ils avaient en y arrivant, leur âme d'aventuriers pillards. Sur la côte de l'Adriatique, les Normands restaient Normands. M. Émile Bertaux dit très justement qu'il n'y eut pas de civilisation normande en Italie, qu'il n'y en eut qu'en Sicile. C'est que la civilisation n'avait pas encore affaire ici. La menace grecque, la menace impériale, la menace lombarde y étaient permanentes. C'est toujours par les Pouilles, le point faible, que les ennemis des Normands attaquent ceux-ci. Les révoltes fomentées par les papes chez les comtes des

Pouilles sont innombrables. On n'a donc point le temps de raffiner. Frédéric II ne s'y trompe pas. La Sicile insulaire ne sera jamais le centre de la lutte. Mais les Pouilles continentales! Et Frédéric transporte son empire dans les Pouilles. Il ne put y transporter une civilisation qui demandait la paix pour se développer. Son cœur reste à Palerme, qu'il tâche de retrouver dans les murs de Lucera, et qu'il veut regagner dans son cercueil. Les Pouilles demeurent donc toutes guerrières, et, à côté de Saint-Nicolas, Bari voit bientôt se dresser la citadelle dont les bases, étalées dans un fossé, nous reportent aux rives septentrionales. Terre militaire, les Pouilles n'eurent pas le loisir de se développer artistiquement. Les églises restent de conception normande. Et le seul changement qu'elles se permettent, c'est la coupole grecque, trouvée en Italie, et, bientôt, rapportée aussi, d'Orient, par les Croisés. De telle sorte qu'il est à la fois logique et téméraire de parler ici d'art normand. Saint Nicolas, et toutes les églises des Pouilles, construites sur son modèle, c'est bien de l'art normand, puisque leur type est en Normandie. Mais ce n'en est pas, puisque cette formule, ce mot d'« art » implique une originalité, une invention personnelle, nées sous de multiples influences d'idées se développant dans des conditions particulières, que nous ne trouvons pas en Pouille. Et c'est encore et toujours dans le développement politique et social que l'on trouve l'explication des phénomènes d'art. Si les mêmes hommes se montrèrent, dans la partie occidentale de leur royaume si hardis, et si timides dans la partie orientale, c'est que, en réalité, la fusion n'était pas faite entre les Deux-Siciles. Assurés de l'une, les Normands s'émancipent et créent l'art unique et inoubliable de Palerme. Incertains de l'autre, ils y restent les compagnons de Guillaume Bras de Fer et de Robert Guiscard.

C'est pour cela que je ne puis, dans mes voyages, jamais séparer l'histoire et l'art. Il est impossible de comprendre celui-ci si l'on ne sait pas un peu de celle-là. L'art est un produit social comme les autres. Si l'on ne connaît rien des Guelfes et des Gibelins, l'obscurité de la *Divine Comédie* sera double : on n'en saisira pas le texte, véritable pamphlet politique, pas plus que, dans cinq cents ans, on ne comprendrait les *Châtiments,* si on ignorait l'histoire du Second Empire français ; on n'en saisira pas, non plus, l'explosion géniale au milieu des ténèbres du monde barbare. Arriver en Sicile sans connaître la belle aventure normande, la conquête arabe et la domination de la Grèce moderne et de l'antique, c'est strictement ne rien voir. Et, de même, en Apulie, ne pas s'arrêter un instant à l'arrivée des enfants de Tancrède de Hauteville, c'est se condamner à ne pas comprendre. L'autre jour, à Foggia, un ami que j'avais entraîné témérairement avec moi dans ces contrés sévères, s'arrêta tout à coup devant la boutique d'un boulanger, et s'écria :

— Du pain brillé !

Le pain que nous avions sous les yeux répétait exactement la forme et les dessins des pains que l'on mange encore aujourd'hui sur les rives de la Basse-Seine. Saint Nicolas de Bari, et les petits enfants dont il a peuplé l'Apulie, ne sont pas seuls à conserver un souvenir, devant lequel nous nous buterions, stupides, si nous ne savions pas. Ce pain de Foggia, le sol serait-il net de Saint Nicolas, qu'il y « brillerait » d'un éclat fulgurant. Aux deux extrémités de l'Europe occidentale, il perpétue la conquête et la fraternité. Quelle débilité serait la nôtre si nous ne nous en nourrissions pas !

*
* *

En l'an 1000, l'Italie méridionale était

mûre pour une conquête. Aucun des peuples qui se la disputaient ne parvenait cependant à s'en emparer. Ils étaient quatre : Grecs, Francs, Lombards, Sarrasins. Les Francs, installés çà et là, montrent partout l'impuissance que l'empereur Louis II n'a que trop étalée ; les Germains les remplacent et ne sont pas plus heureux : les Sarrasins les jettent littéralement à la mer, Otton II ayant été obligé de se précipiter à cheval dans les flots pour gagner un bateau secourable. Les Lombards ont quelque prestige. C'est eux qui ont rappelé les Grecs, partis autrefois découragés — qu'on se rappelle les héroïques efforts de Bélisaire ! Ils ont résisté, avec les Grecs, aux Sarrasins ; ils sont au Garigliano en 899. Les Grecs les chargent de gouverner en leur nom, d'être leurs agents. Naturellement, les Lombards comprennent ce rôle de façon égoïste. Si bien que l'Italie méridionale, Francs et Sarrasins semblant éliminés, devient le prix de la victoire entre les Lombards et les Grecs. Quel est le plus fort? Les ducs lombards seraient invincibles s'ils s'entendaient. Ils ne sont occupés qu'à se manger entre eux, et, ce qui est plus grave, à se donner, eux et leur territoire, tantôt à l'empereur, tantôt au Basileus, selon que l'un ou l'autre peut l'aider dans quelque querelle intestine. Le vrai maître est donc le catépan de Bari, tandis que Otton III s'efforce en vain de mettre la paix entre les Lombards, comprenant que ces dissensions font l'affaire de ce catépan. A ce moment, on sent l'Italie excédée. Elle voudrait bien s'appartenir, et les Lombards n'auraient pas un grand effort à faire pour fonder la dynastie nationale. Ils continuent à se disputer, tandis que Rome est vassale de l'Empire germanique, que les dynasties franques font comme les lombardes, et que Otton III meurt, à vingt-deux ans, repoussé par tout le monde, dont il voulait, avec assez de désintéressement, la pacification et l'accord.

Un riche citoyen de Bari, Melo, essaie d'accomplir ce que chacun désire, de délivrer définitivement l'Italie des Grecs : on verra ensuite à chasser les Lombards. Melo engage à son service une bande d'aventuriers normands qui revenaient de Terre Sainte, disaient-ils. Il n'a pas de peine à les enflammer, d'abord par l'espoir du butin, puis par de belles phrases sur le Grec, ennemi de l'Occident, rival du glorieux Charlemagne. Furent-ils, ces Normands, rencontrés par Melo au pèlerinage du Gargano ? Cela est possible. Trani était un port fréquenté par les croisés, et le Gargano où saint Michel attirait les foules, était sur la route de Trani aux Alpes. Certains prétendent, pourtant, que Melo avait trouvé ces Normands à Capoue, chez Guaimar qu'ils venaient, retour de Jérusalem, d'aider à combattre les Sarrasins. D'ailleurs saint Michel du Gargano était le grand saint des Lombards. Avec leurs maîtres de Capoue, les Normands ont pu venir en pèlerinage au Gargano, où Melo les engagea. Quoi qu'il en soit, ils ne furent pas heureux. Melo et sa troupe se font battre à Cannes, en octobre 1019.

Et les Normands regagnèrent leurs casernements, chez les Lombards. Qui étaient ces Normands ? Ils étaient trois fils d'un petit seigneur, banneret du duc de Normandie, Tancrède de Hauteville, Guillaume, dit Bras de Fer ou Fier à Bras, Drogon et Onfroi, qui commandaient à toute la troupe ; avec eux, on voit un nommé Rainulf, qui passe bientôt au service du duc de Naples, grec celui-ci, et qui lui fait épouser sa sœur, en lui donnant Aversa avec le titre de comte. Ils ont guerroyé contre les Grecs, pour et contre les Lombards, contre les Sarrasins, pour les Grecs bientôt ; ils ne demandent qu'à se battre, la guerre étant un profit en soi, et non un moyen. Aussi, lorsque le prince lombard de Salerne décide d'aider

Byzance dans sa lutte contre les Sarrasins de Sicile, les Normands passent au service du patrice Maniakès. Ils prennent Messine et Syracuse, où Guillaume tue de sa main le caïd des Sarrasins. L'heure venue de partager, Maniakès les traite indignement. Non seulement on leur refuse leur part de butin, mais encore on les fait fouetter, en la personne de leur interprète, le Lombard Ardouin. Aussitôt, ils abandonnent l'armée, sautent dans des barques, traversent la Calabre, la Basilicate, et, arrivés en Apulie, tendent la main aux Grecs révoltés, le reste de la bande de Melo, et qui appelle à soi les Normands de Salerne et les Lombards impatients du voisinage grec. Une véritable armée est organisée dont les trois frères prennent le commandement, chacun avec douze bataillons dont ils deviennent les comtes. Ils se dirigent vers Melfi, qui est la citadelle grecque. Melfi ouvre ses portes à la voix d'Ardouin, et dix mille Grecs sont taillés en pièces par deux mille Normands et Lombards. Les Pouilles sont ouvertes ; ils s'y précipitent. En 1043, aidés qu'ils ont été par la révolte, contre Byzance, de Maniakès, ils ont conquis à peu près toutes les Pouilles, au point de sentir le besoin de s'organiser, la nécessité de partager, de s'installer. Le pays est divisé en douze comtés. Un comte général, « Comte des Normands de la Pouille », est nommé, avec le droit de commander à la guerre et avec la possession de deux villes. C'est Guillaume Bras de Fer, qui épouse la fille du prince lombard de Salerne. Sur ces entrefaites, Maniakès s'est réconcilié avec Byzance. Lorsque les Normands veulent, logiquement et nécessairement, s'emparer des villes du littoral dont Bari est la plus importante, ils se heurtent à Maniakès et à Argiros, le fils de Melo resté fidèle au Basileus. Mais derrière eux se trouvent maintenant leurs louageurs d'autrefois, devenus leurs alliés, les Lombards.

En 1047, Guillaume est mort. Son frère Drogon lui a succédé en qualité de comte général. Mais, en 1051, Drogon est assassiné par les Lombards, qui commencent à être inquiets de la puissance de leurs anciens mercenaires, et qui se sont retournés vers Byzance. C'est alors qu'apparaît Robert, dit Guiscard, un Hauteville, mais d'un second lit. Il est venu rejoindre ses frères, et Drogon l'a envoyé aussitôt conquérir la Calabre. C'est le plus grand scélérat qu'on ait jamais vu. Très grand, le teint vermeil, aux cheveux et à la barbe couleur de lin, « la voix d'Achille » et son courage, plein de prestige et de génie politique, il sait profiter impudemment et, à la fois, ménager subtilement. Sous la rude franchise militaire, il cache un cœur dévorant. Pour le moment, il ne pense qu'à se tailler sa part auprès de ses frères déjà pourvus. Il taille largement, pillant les monastères grecs et latins, sans distinction, les maisons des champs, enlevant les femmes, crevant les yeux, coupant les oreilles et les nez, véritable homme de guerre enfin, semblable bientôt aux Sarrasins qu'il fait regretter. Apulien l'a comparé à Ulysse. Ce n'est pas sans raison. Ne vient-il pas, lors de la prise d'un monastère en Calabre, de renouveler le cheval de Troie? Il fait le mort, s'enferme avec des armes dans un cercueil. On le porte à l'église, et il se dresse, pendant la cérémonie, tout armé, et distribue des épées à ses compagnons! A ce moment, ce n'est qu'un cri contre les Normands, grâce à lui. Un abbé normand, Jean de Fécamp, est attaqué en Toscane, rien que sur sa nationalité. Mais Guiscard n'étend pas moins sa renommée, au point que, à la mort de Drogon, il est élu tout d'une voix comte des Normands. Le pape, furieux de voir les monastères pillés, son autorité annihilée, marche contre lui, allié aux Lombards et aux Grecs. Les Normands écrasent le pape à Civitella, le 15 juin 1053, non loin de Cannes, et courent se jeter à ses pieds pour obtenir leur pardon, non sans toutefois le garder prisonnier pendant huit mois.

Au cours de sa détention, le pape réfléchit. Il songe au parti qu'il pourrait tirer de ces gens-là, si braves, si entreprenants, contre ses alliés d'un jour, les Grecs, qui viennent justement de proclamer le schisme. S'il les employait à lui conquérir l'empire latin? Le pacte est conclu. Les Normands vont se charger de faire rentrer tout le domaine italien des Grecs dans le giron de l'Église romaine. Ils obtiennent donc l'investiture pontificale de toutes les terres actuellement en leur pouvoir, et de celles qu'ils pourront conquérir sur les Grecs d'Italie et de Sicile. L'Italie, ce sera l'affaire de Robert. La Sicile, celle du jeune Roger, le dernier des douze frères Hauteville. Le concile de Melfi homologue le traité, en 1059. Robert Guiscard « par la grâce de Dieu et de saint Pierre, duc d'Apulie et de Calabre et, avec leur secours, duc futur de Sicile » s'engage à prêter main forte à l'Église romaine pour conquérir les droits régaliens de saint Pierre et ses domaines, et à placer sous l'autorité du pape toutes les églises de sa domination. De Byzance, dans ce traité, il n'est pas question. Robert, alors, fort de l'appui du pape, se rue à l'assaut. Les Grecs sont peu à peu chassés de partout. Bari seule leur reste. En 1071, Robert emporte la ville. Il n'y a plus d'empire romain. Le royaume normand, le royaume des Deux-Siciles est commencé, il durera jusqu'à nos jours. La proie que se disputaient empereur, pape, Basileus, Lombards et Sarrasins, c'est au cinquième larron qu'elle échoit. Et lorsque l'empereur descend en Italie pour combattre Grégoire VII, et soutenir les barons des Pouilles révoltés contre Robert, c'est à celui-ci qu'il se heurte. Guiscard a couru à Rome au secours du pape : le Cœlius garde encore les traces de sa sauvagerie. Puis il emmène Grégoire VII, qui meurt dans ses bras, à Salerne, conquise à son tour et où l'on voit encore aujourd'hui le tombeau d'Hildebrand. En soixante ans, l'entreprise des hardis Normands avait donné tout ce qu'elle pouvait rendre, aussi brillante que celle menée à ce moment même, en Angleterre, par leur duc originel, Guillaume le Conquérant.

Après avoir montré le merveilleux de cette aventure, est-il besoin d'en faire ressortir la précarité ? La force avait livré aux Normands un royaume tout peuplé d'étrangers à leur sang, à leurs mœurs, d'une civilisation supérieure à la leur, à qui leurs violences ne pouvaient laisser que des désirs de libération. Guiscard et ses compagnons eurent beau se montrer prudents et vigilants : prudents, en inaugurant, dans le monde fanatique du moyen âge, l'esprit de tolérance religieuse et civile ; vigilants, en restant sur le pied de guerre, toujours prêts à la lutte, que Guiscard portait, d'ailleurs, appuyé sur les villes de la côte, Bari, Trani, Otrante, jusqu'aux rives de l'empire grec, — il ne put être question, pour lui ni pour ses successeurs en Apulie, de jouir du bénéfice de la conquête, comme, en Sicile, feront Robert et ses enfants. C'est deux ans après la mort de Robert Guiscard que Saint Nicolas de Bari est construite, au moment même où Roger de Sicile se jette sur le bien continental de ses neveux, qu'il leur dispute, au moment enfin où la lutte de la papauté et de l'empire entre dans sa phase la plus aiguë. Les coups les plus violents seront portés sur les terres normandes, jusqu'au jour où Frédéric II réunira les deux couronnes d'Allemagne et de Sicile et marchera contre le pape, les Pouilles, toujours, servant de terrain de combat.

Ceci n'explique-t-il pas l'indigence artistique de l'Italie normande ? Et, en même temps, sa misère, sa pauvreté naturelle empêchèrent le développement intellectuel de l'Italie méridionale, parallèlement à l'essor des cités septentrionales. On a toujours attribué à l'histoire de l'Italie méridionale, si différente de l'Italie septentrionale, celle-ci florissant en petites républiques séparées, intenses de vie municipale, celle-là toujours unifiée sous les Grecs, les Lombards, les Normands, puis les Anjous, les Aragons et les Bourbons, on a toujours donné à cette histoire si particulière des causes exclusivement politiques, de mauvais gouvernement. J'y vois aussi des causes naturelles. Du sort personnel de l'art au temps des Normands, la situation politique est sans doute responsable, mais en ce qui regarde les Normands exclusivement. Que les Normands n'aient pas agi comme en Sicile, on vient de voir pourquoi. Le fait n'est pas rare, pourtant, en Italie, de villes prospères, en dépit de l'occupation étrangère. Pourquoi donc, dans l'Italie méridionale, là où le maître ne peut agir, n'y a-t-il rien ? C'est parce que le pays est misérable ; on ne peut produire dans le dénûment. Les Pouilles ont besoin d'un chef, d'un maître militaire qui les soutienne et leur apporte un peu de force en fédérant leurs faiblesses. Si, dans le Nord italien, la rage particulariste, justifiée par l'éclat de la civilisation dans chaque cité, nous faisait autrefois regretter l'unité et prévoir, pour un jour lointain, mais certain, la constitution de républiques fédératives, le Sud, au contraire, nous oblige à reconnaître que la condition même de son existence est l'unité. Si jamais l'unité italienne fut justifiée, c'est bien pour l'Italie méridionale, qui y fut, cependant, si rebelle dans ses couches profondes, — la majorité des classes laborieuses fut opposée à l'unité, il fallut mâter par le fer et le feu la résistance des campagnes, — si ce n'est dans sa classe cultivée qui en avait compris, elle, la nécessité. Aujourd'hui, tout ce qui pense et raisonne, en Italie méridionale, est passionnément unitaire. Et l'on devine à quelles difficultés se heurtera, dans les années, peut-être les siècles futurs, la monarchie italienne, lorsqu'elle se trouvera en présence d'un Nord séparatiste et d'un Sud unitaire. Le Sud sera alors son principal soutien. C'est vers lui qu'elle doit donc tourner ses efforts d'amour. J'ai parlé, autrefois, du Nord « se lassant de nourrir le Midi ». N'ai-je pas répété là un lieu commun hasardeux, qu'il faudrait rectifier ? Actuellement, le Sud et la Sicile paient le tiers des impôts, alors qu'elles ne rendent que le quart du produit national.

Cent millions par an sont perçus au détriment de l'Italie méridionale. Ceux du Nord diront, peut-être, que ceux qui ont le plus d'intérêt à l'unité ne peuvent se plaindre d'en supporter la plus forte charge. A la condition d'en profiter aussi ; à la condition de n'être pas étranglés sous prétexte qu'ils veulent vivre. Et d'ailleurs, le jour où le Sud serait mort, qui peut affirmer, dans le Nord qui serait la première victime, que les vieilles convoitises germaniques ne se réveilleraient pas ? L'Italie méridionale est ainsi, doublement, la garantie de l'unité. Elle en a besoin, dans l'état actuel de l'Europe, pour subsister ; elle a besoin aussi de la civilisation que Rome, seule, peut lui donner ; séparée, elle reviendrait à la barbarie, dont elle est si proche encore. Mais au Nord, d'autre part, elle est utile pour la conservation de cette unité qui est sa sauvegarde contre les invasions étrangères. La partie est liée. A son issue est suspendue le sort de la civilisation dans le bassin de la Méditerranée. L'Italie méridionale n'a plus aujourd'hui à servir de rempart, comme au temps des Normands : ce n'est plus de son côté qu'est le danger d'irruption. Qu'on la traite en sœur malheureuse, retardataire et misérable. Qu'on s'efforce d'atténuer les antinomies que l'histoire et la géographie ont établies entre le Nord et le Sud. Que l'Italie méridionale cesse d'être « l'Irlande de l'Italie », ainsi que l'a appelée M. Giustino Fortunato, dans une comparaison saisissante, qui nous fait bien comprendre l'état actuel du pays auquel il a dévoué toute sa vie. Alors peut-être, verrons-nous cette Irlande se hausser à la civilisation complète, et saint Nicolas renouvellera-t-il son miracle de résurrection sur les petits enfants des Grecs et des Normands, dont les membres, rompus depuis sept siècles, gisent toujours au fond du « saloir ». Un nouveau Saint Nicolas se dressera, fleur d'art originale, hardie, symbole de la résurrection sociale, comme le Saint Nicolas des Normands l'est encore de la prodigieuse aventure inscrite au livre de l'histoire par les fils de Tancrède, seigneur de Hauteville, près Coutances.

V

MASTIC ET MIE DE PAIN

Lecce.

Me voici parvenu dans le talon de la botte. Je ne m'attendais certes pas à le trouver Louis XV. Je croyais bien avoir épuisé, à Modène et à Rome, tout ce que le baroque peut inventer d'insensé et d'étourdissant. Et lorsque Gregorovius appelle Lecce « la Florence du baroque », il ne traduit en rien l'impression que je reçois. C'est bien là cet esprit allemand dont Nietzsche a dit : « L'esprit allemand est une indigestion ; il n'arrive à en finir avec rien ». Que d'explications, à y être encore demain, il faudrait pour justifier le mot de Gregorovius ! Il ne peut être qu'une antithèse, et non une comparaison. Lecce, c'est Florence, à la condition que Florence soit bâtie et ornée à contresens de toutes les lois qui, précisément, lui ont donné son aspect présent. Lecce, dans les Pouilles, semble insulter au climat meurtrier, aux hommes misérables, par son faste inutile et laid. Tant de soins, d'argent, dépensés alors que la terre en demandait davantage, et pour aboutir à faire croire aux pauvres gens que le laid est le beau ! Aragon, Aragon, où regardais-tu donc ! Il n'avait même pas l'excuse d'élever l'âme de ses sujets au moyen de la beauté. Il semblait, au contraire, chercher à la pervertir.

Mais non. Ne nous indignons pas. On ne peut pas crier ici. On rit trop. Vous avez vu les abominations qu'un peuple en délire élève pour la venue d'un prince, ces architectures de carton-pâte, arcs de triomphe, portiques, belvédères et feux d'artifice, dont la seule excuse est d'être éphémères ? Lecce les a réalisées en pierre, pour l'éternité : des monuments qui semblent avoir été roulés dans les doigts de petits enfants qui ont chipé le mastic du vitrier, ou qui gâchent la mie de pain de leur déjeûner. Oh ! l'église de campagne sans style et sans décor aucun ! Pour rien, pour le plaisir de tourner des berlingots, des guimauves de fête publique, le XVIIe et le XVIIIe siècles ont épuisé ici tout leur fond. Après cela, du moins, soyez tranquille, il n'y a plus rien à faire. C'est fini. Le baroque a tout dit. Il ne pourra même pas se répéter. Le matin, en ouvrant ma fenêtre, j'aperçois la préfecture et l'église attenante, Santa Croce. C'est rouge, d'un rouge de brique pâle, assez plaisant à l'œil d'ailleurs. Mais ce qui ne l'est pas, c'est le travail subi par cette brique. Il n'y a pas un grain qui n'ait reçu le baiser du ciseau et du marteau. Et quel ciseau ! un ciseau roulant, creusant, découpant, percé de trous pour laisser tomber des fragments comme dans les passoires, en spirale, en rond, en queue de cochon. Ça tarabiscote, ça chatouille, ça rigole de tous les atomes. Trois portes, l'une par-dessus l'autre, forment le portail principal. Au-dessus, des socles ; sur les socles, des vases, des flammes, un écusson. De chaque côté, une autre porte surmontée d'un œil énorme, de bœuf ou de veau ? Plus haut, au-dessus de chapiteaux d'un corinthien à être renié par Corinthe, une frise d'animaux, de guirlandes et de diablotins. Sur la frise, une corniche, avec des gouttes bien entendu, sans triglyphes naturellement ; mais où serait le plaisir ? Sur cette corniche, des hippogriffes, treize hippogriffes sont accroupis. Ils portent un balcon à balustres serrés comme dans une boîte de jouets. Derrière ce balcon, un fronton aussi haut que ce qui le porte, composé d'un œil creux, aux bords en couronne de fruits chez le pâtissier, de quatre colonnes et de deux niches avec statues. Enfin un autre fronton encore, fait de deux pinacles et d'une rose que surmonte une manière d'acanthe. Voilà. C'est une façade d'église, cela. A côté d'elle, le palais étend un grand mur, chaque fenêtre étant gothique en haut, renaissance en bas; on dirait les fers d'une reliure de livre de messe pour magasin de nouveauté. Et c'est ainsi par toute la ville. Cathédrale, évêché, Santa Chiara, San Domenico, la Loggia où Garibaldi fait une si drôle de figure, la colonne où perche saint Oronze, tout est comme cela. Voulez-vous entrer? Alors gardez bien vos yeux. Ce n'est plus de la pierre rouge, c'est du marbre blanc, bleu, vert, jaune, de toutes les couleurs, mais d'aucun repos. Tout tourne, tout virevolte, tout danse. Chahut! Et voilà l'église partie pour la valse! Tire-bouchons, guirlandes, festons, liserons grimpants, capucines et clématite! Et les saints perchés serpentent à l'envi dans leurs robes de belle dentelle et de soie chamarrée; ils font la révérence et avancent la jambe pour le pas des lanciers. Au détail, pas une chapelle qui n'ait l'air d'un gâteau de noce. Les voûtes sont garnies de cerises déguisées, reliées par des palmettes à la pistache. Les autels sont faits en pâte d'amande au kirsch piquée de sucre blanc, arrosée de crème à la vanille. Et les absides ont des faux jours troublants d'arrière-boutique de confiseur ; et les balustrades sont du pays de Cocagne, aux murailles de pain d'épices et de chocolat. On sort de là la langue pâteuse, comme si on avait dévalisé la boutique de Chiboust.

Jamais je n'avais vu cela. Au bout d'une heure, on n'en peut plus. On est malade de rire. Car toute la ville est ainsi. Je voulais savoir qui avait conçu et réalisé une chose pareille. Personne. Ça s'est fait tout seul. Ou du moins, nul loufoque n'a imposé sa loi. Peut-être cependant, un évêque, Pignatelli, a-t-il donné le branle, au milieu du XVIIe siècle. Je serais assez disposé à le croire. Car le moins extraordinaire de tous ces monuments est la cathédrale qui date de 1659. Mais ce Pignatelli a agi sans préméditation. Il a produit tout naturellement, sans savoir comment ni pourquoi. Il s'imaginait bien faire. Et voilà donc où est arrivé l'art inauguré par Bernin ! A Modène, à Rome, un peu partout, devant certaines églises et certains palais, on se sent quelque indulgence, on voudrait pardonner, et on s'efforce de deviner un but quelconque, de trouver une raison, une conception à peu près saine, et on y arrive quelquefois. Mais ici, on ne peut plus. Le baroque est vraiment le triomphe de la déraison. On ne peut le justifier par aucune espèce de motif plausible. Il a voulu « épater » ; voilà tout. Je ne crois pas que cela soit suffisant. Je songe alors à toutes les églises que je viens de voir dans les Abruzzes et dans les Pouilles, toutes les églises défigurées par cet art qui donne ici sa suprême pensée. C'est pour aboutir à cela qu'il a tout saccagé, tout recouvert, tout détruit ! C'est qu'il se connaissait. Il s'est regardé dans la glace. Il s'est comparé, et comme il s'est trouvé inférieur, vite, il s'est empressé de supprimer la concurrence. A la cathédrale de Bari, on est en train de démolir les revêtements blancs du baroque, à l'intérieur. Et l'on aperçoit, derrière, les admirables nervures et les chapiteaux du XIIe siècle. Ah ! je comprends que le baroque en ait eu honte ! Il ne pouvait raisonnablement se faire voir à côté ! Alors il a détruit ou caché. A Lecce, du moins, il est seul. Et s'il est beau, c'est à la façon d'un homme qui mesurerait cinquante centimètres de haut, serait borgne, bancal, la bouche dans des oreilles de faune, des mains de douze doigts chacune, et qui vivrait dans une île déserte.

Est-il donc seul ici? Non. Il est seul dans les murs de la ville. Mais, en dehors des murs, loin des hommes injurieux, S. S. Nicola e Cataldo se tient dans son digne repos, au milieu du cimetière, où dorment autour d'elle les simples et raisonnables Normands qui l'élevèrent. Si l'on pouvait être troublé, après s'être promené dans Lecce, s'être amusé à tant de folie, innocente en elle-même si ce n'est relativement, il suffirait de voir cette église-là pour être ramené dans le vrai chemin. Je ne sais si c'est l'insanité des autres, mais S. S. Nicola e Cataldo m'a paru l'un des plus beaux monuments de l'art des Normands. Son portail est d'une noble richesse. Son dôme, d'une élégance presque raffinée dans la simplicité et la légèreté frêle. Ses voûtes, d'une pureté merveilleuse, et ses nefs d'une hardiesse mesurée, pleine de charme sain. Elle est la dernière œuvre des Normands. Quelles espérances elle permettait de concevoir ! Anjou vint, puis Aragon, et Lecce fut. Il faut la voir. C'est loin, très loin, mais la ville est confortable, animée, presque ce qu'on appelle une belle ville. Elle fut autrefois, dit-on, un centre intellectuel renommé. Elle reste la plus amusante qu'on puisse parcourir. Après cela vous pourrez tout aborder sans surprise. A Naples, où le baroque sévit implacablement, à Rome, à Venise, à Modène même où il s'étale avec complaisance, vous irez indulgent, en disant : Peuh ! ce n'est que cela ? Et regardant, Madame, vos talons Louis XV vous les trouverez à la mode anglaise.

*
* *

Ce sera donc, et tout de même, sur un sourire que je quitterai les Pouilles. Demain, je serai au bord de la mer Ionienne, dans la Tarente au nom si doux. Le moment est venu de tirer la moralité de ces dix derniers jours. A Bari, j'ai pris conscience de la misère de l'Italie méridionale, et j'ai spéculé sur ses conséquences. Mais les causes de cette misère ? Il ne suffit pas de dire : ce pays est malheureux, il est pauvre ; il faut encore le prouver. A ce que j'ai vu en parcourant le *Tavoliere* et la terre de Bari, il y a des raisons. Ces raisons, les voici. Je les ai trouvées en lisant les travaux des Italiens les plus compétents. Je voudrais les résumer, pour mon édification de voyageur, pour celle aussi de mes compatriotes qui voudront bien me suivre jusqu'ici. Sachant le pourquoi, nous verrons alors, avec ceux qui m'ont enseigné, les possibilités immédiates de remédier à cette misère vraiment tragique, parmi laquelle nous venons de vivre des jours quelquefois pénibles, mais fertiles peut-être en enseignement social et en espérances d'un avenir meilleur. Comment les amants de l'Italie pourraient-ils ne pas être déchirés dans leur tendresse, en comparant entre elles les provinces du beau royaume qui font l'objet de son amour? Et comment regagner les rives enchantées de la Méditerranée, avant de savoir si, du moins, un jour ne viendra pas où les deux Italies, après avoir été unifiées, seront harmonisées, confondues?

L'Italie méridionale, m'avait écrit M. Fortunato, est pauvre naturellement pour deux raisons : « Le climat sec et la terre brûlée; peu de pluie et mal répartie sur un sol d'argile écailleuse ou de calcaire à fleur de terre, ce qui engendre partout la malaria ». Or, ces conditions géologiques et climatériques, je les trouve exposées et prouvées dans la *Revue Populaire* que dirige le Dr Colojani, et dans la *Revue Contemporaine* sous la signature de M. Giuseppe Cuboni :

« Des causes multiples et graves s'opposent dans ces provinces des Pouilles au véritable progrès agraire. Certaines résident dans les conditions naturelles, terrain trop argileux et trop calcaire, ou trop superficiel, et qui rend impossible tout travail profond. D'autre part, le climat sec s'oppose à la culture des plantes annuelles. Le manque d'eau rend impossible le régime de culture alternative. La rareté de la pluie, d'avril à septembre, empêche souvent la culture des céréales. Donc pas de fourrages, par conséquent pas de bétail ni d'étable ».

Si nous notons que ceci n'est pas une opinion particulière, mais est exposé, au contraire, dans un rapport officiel fait au ministre, en 1902, nous pourrons dire que nous possédons une base certaine, et unanimement reconnue, de discussion. Le détail que j'emprunte à M. Cuboni ne pourra plus sembler suspect :

« Ce n'est pas seulement, dit M. Cuboni, par la température que l'Italie continentale et l'Italie péninsulaire contrastent. Un autre facteur agit aussi sur l'agriculture, et c'est la différence dans la répartition de la pluie.

« Dans la vallée du Pô, il pleut en toute saison, plus ou moins, mais surtout en automne et en été ; cette coïncidence de la pluie avec la chaleur augmente l'intensité de la végétation. Dans l'Italie méridionale, au contraire, la pluie atteint son maximum en hiver, alors que, par l'insuffisance de la température, l'énergie de la végétation est réduite à son minimum. En été, il ne pleut pas, et la sécheresse arrête la végétation. En hiver, dans la haute Italie, on compte une moyenne de vingt-neuf jours sereins. A Palerme, treize. A Milan, en été, il tombe environ trente centièmes de la pluie de l'année ; à Palerme, cinq centièmes. En d'autres termes, il pleut à Milan, en été, vingt fois plus qu'à Palerme.

« Beaucoup, principalement dans le monde politique et dans le monde journalistique, pensent que ce qui se fait dans le Nord, peut se faire dans le Sud. Le Sud, disent-ils, est favorisé d'un doux climat, d'une terre molle et fertile. Si de cette terre on ne tire pas plus de dix hectolitres de froment à l'hectare, tandis que le Danemark en produit trente-huit, la raison en est dans l'ignorance scolaire et agricole. Mais peut-on soutenir qu'ignorance scolaire et ignorance agricole soient synonymes ! La force de résistance, en revanche, à la canicule, est considérable chez les habitants du Sud, qui le prouvent chaque jour en Amérique, en Afrique, en Australie, où ils sont supérieurs à tous les autres. Est-on sûr que des Danois transportés dans les Maremmes, dans les Pouilles, feraient rendre à la terre les fameux trente-huit hectolitres ? Non. Pour cette raison que le rendement frumentaire du

Nord tient à des causes nombreuses, dont l'instruction et l'éducation ne sont pas les plus efficaces ni les plus nécessaires.

« Le travailleur de l'Italie méridionale se heurte à des difficultés inconnues dans le Nord, et dont la première est le climat. Pour faire croître une plante, il faut trois conditions : 1° un sol approprié ; 2° un certain degré de chaleur ; 3° un certain degré d'humidité. Si on ne peut dire que le sol de l'Italie soit toujours approprié, toutefois avec un bon travail accompli au moyen d'instruments perfectionnés, avec des amendements opportuns, avec des engrais suffisants, on pourrait dans la plupart des cas obtenir une condition convenable. La chaleur, elle, pèche plutôt par l'excès. Reste l'humidité. Que peut-on faire lorsque la sécheresse persiste pendant huit mois de suite ? Il pleut pendant trois mois, en Italie méridionale, mars, avril et mai. Alors vient la sécheresse, jusqu'en octobre. De là, manque d'activité dans la végétation (la température moyenne de mai, en Sicile, est inférieure à la moyenne de juillet et d'août des provinces du Nord, et même des environs de Berlin et de Copenhague). A cette activité supplée, en partie, la végétation, pendant l'automne et l'hiver, lente mais continue ; mais suppléer n'est pas compenser. De telle sorte que l'on peut dire que la culture herbacée, dans le Nord, profite, pendant la période de développement de la végétation, d'une température plus élevée que celle dont jouissent les mêmes cultures dans le Sud aride. Si l'on songe que la culture herbacée, c'est-à-dire des céréales, est étroitement liée à l'élevage, on voit quel désastre est, pour l'Italie méridionale, la sécheresse. Pas de pâturages d'été, donc pas de bestiaux, donc pas de force nécessaire au travail de la terre ni d'engrais naturel. L'engrais chimique ? L'expérience a prouvé que, dans les terres arides du Midi, précisément à cause de la sécheresse excessive, l'emploi de l'engrais chimique ne donne pas de bons résultats, si ce n'est par les printemps pluvieux, tandis que, si la saison, comme il est d'habitude, est sèche, les résultats sont mesquins et d'effet contraire à celui qu'on veut obtenir, c'est-à-dire que l'engrais diminue la production tout en augmentant la dépense de culture.

« Donc, sous quelque point de vue qu'on l'examine, la sécheresse doit être considérée comme la cause première, fondamentale, essentielle, de l'infériorité où se trouve la culture méridionale en face de la culture septentrionale. Les autres causes, comme le manque de capitaux, sont secondaires, puisqu'elles dépendent de la première, le manque d'eau ».

Peut-on entendre, après cela, sans frissonner, le cri de M. Fortunato : « Et pourtant l'agriculture est la seule ressource de l'Italie méridionale ! » Que faut-il donc faire pour que ce pays agricole puisse vivre ?

Il faut lui donner de l'eau, d'abord. J'ai dit, déjà, que le gouvernement italien construisait à grands frais un aqueduc qui apportera, dans les Pouilles, l'eau des montagnes. Mais on devine que les aqueducs romains eux-mêmes ne suffiraient pas à alimenter la terre méridionale. Le nouvel aqueduc donnera l'eau ménagère, il ne donnera pas l'eau agricole. Il constituera une amélioration, non pas une solution. Seul, le reboisement pourra apporter celle-ci. Les montagnes des Abruzzes, de la Basilicate et de la Calabre, étaient autrefois couvertes de forêts. Elles sont à peu près nues aujourd'hui, sans parler de la Sicile où les deux tiers des rivières sont à sec, par suite du déboisement. Il faut reboiser, besogne coûteuse et à longue échéance, mais besogne nécessaire si l'on veut rendre à la terre ses fleurs et ses fruits. C'est le député Nitti qui le disait éloquemment, il y a peu de temps, à la Chambre italienne.

Mais, alors même que l'eau coulerait, elle ne transformerait pas la nature du sol calcaire et argileux. Le sol est pauvre, pauvre il restera. Ayant donc remédié à la sécheresse, il faudra permettre à l'homme de vivre dans des conditions normales, c'est-à-dire qu'il faudra ne pas lui demander, en impôts, la presque totalité de ce qu'il récolte. C'est-à-dire qu'il sera nécessaire, qu'il est encore plus nécessaire aujourd'hui, de proportionner l'impôt aux ressources. L'Italie méridionale, cinq ou six fois plus pauvre que la septentrionale, est traitée par le fisc comme celle-ci. Écoutez le sénateur Giustino Fortunato, hier encore député à la Chambre :

« La réforme fiscale, je l'ai toujours réclamée comme une loi inéluctable de justice nationale. Au début de ma carrière, on traitait cette idée de paradoxe. Elle est devenue une vérité. Sidney Sonnino, battant en brèche des erreurs et des préjugés invétérés, a déjà affirmé que la terre méridionale paye plus qu'elle ne devrait payer, et qu'une réforme radicale doit changer l'assiette de l'impôt trop lourd et sans équité, dans nos provinces... La haute et la moyenne Italie paient 21,66 pour 100 du produit national, l'Italie méridionale en paie 25 pour 100... Le problème du Midi, qui est celui d'une misère séculaire, et à travers lequel j'ai toujours considéré l'avenir de la patrie, parce que ce serait une folie de vouloir un État grand et prospère alors que la moitié de la nation se trouve dans des conditions historiques et naturelles difficiles, ce problème est surtout, de nos jours, un problème de péréquation de l'impôt; et celui-ci n'est pas en rapport avec la force productrice ni la puissance contributive des différentes provinces de l'Italie. L'application des mêmes lois fiscales pour l'Italie méridionale et pour la septentrionale est d'une telle injustice qu'il paraît impossible qu'on l'ait supportée patiemment depuis si longtemps... Nous oublions trop que l'on se base, pour apprécier notre renaissance, à peu près exclusivement sur l'apparence douanière et sur la division de la péninsule en deux parties, l'une qui produit et l'autre qui consomme : apparence qui pourra se prolonger tant que la paix et les conditions sociales des grands pays industriels ne changeront pas. Malheureusement, nous ignorons trop le degré de pauvreté naturelle de l'Italie agraire. Toutes les nations ont des régions qui produisent peu ou pas du tout; aucune n'en a autant que l'Italie ».

La terre fertilisée par le reboisement et soulagée par la réforme fiscale, il restera à enseigner sa culture. Et c'est le problème de l'école qui se pose : « L'abîme, dit M. Fortunato, se creuse toujours entre la bourgeoisie, dont l'instruction est à peu près gratuite, et les classes populaires abandonnées à elles-mêmes, surtout dans nos provinces du Midi, où les asiles enfantins qui y seraient plus nécessaires qu'ailleurs, le pays étant composé de populations agglomérées, manquent de tout, et où les écoles élémentaires ne sont accessibles qu'au fils du petit bourgeois qui, avant 1860, tenait du prêtre les rudiments de son savoir. Le nouveau royaume a trouvé le Sud sans écoles publiques. Qu'a fait le Gouvernement? La loi de 1877 a proclamé l'instruction obligatoire, et celle de 1904 a étendu la portée de celle de 1877. Mais ni l'une ni l'autre ne peuvent nous servir. Pourquoi ? Parce que l'obligation scolaire est à la charge des communes, dont la plupart sont incapables de faire cet effort, tant que nous ne voudrons pas nous convaincre que l'unique solution de ce grave problème des finances communales est dans la diminution de beaucoup des impôts que, dans les premières années difficiles, l'État fut contraint d'établir ».

C'est à cela qu'on revient toujours, diminuer l'impôt, parce que, en effet, le vrai problème est là. Pour toute amélioration il faut de l'argent et le Sud de l'Italie n'as pas d'argent. Est-il possible, cependant à un État unitaire, de traiter différemment ses sujets? Que le Sud soit dégrevé, le Nord réclamera. Et peut-être verrai-je ici toute la difficulté de ce problème, vital pour le Midi pourtant. Le Midi a besoin de l'unité, et cependant sa misère réclame un traitement bien difficile, si ce n'est impossible, à exercer différent, puisque le principe même de l'unité réclame l'égalité des charges... De l'argent! En Italie, comme ailleurs, il faut toujours en venir là.

Ailleurs, du moins, une classe existe qui en possède. Elle ne le donne pas facilement. Mais enfin on peut l'obliger à compenser par quelques sacrifices les avantages qu'elle retire de sa situation privilégiée. Nous connaissons en France toutes les difficultés que rencontre le Gouvernement, lorsqu'il demande à la bourgeoisie de payer pour la conservation d'un état social organisé à son bénéfice. C'est un autre Italien, M. Guglielmo Ferrero, qui le dit : « Les hommes qui possèdent de l'argent, tout en désirant le maintien de l'ordre public, n'aiment pas à dépenser celui-là pour la conservation de celui-ci ». Dans l'Italie méridionale, le problème ne se pose même pas : il n'y a pas de bourgeoisie en Italie méridionale, c'est-à-dire de ces travailleurs qui encaissent plus qu'ils ne dépensent, accumulent des capitaux mobiliers ou immobiliers. Quand on meurt de faim, on ne peut, encore, économiser. Et c'est le dernier terme du problème : la constitution d'une bourgeoisie terrienne qui participerait à la régénération du sol. C'est en pensant à cette constitution d'une bourgeoisie que je voyais l'autre jour, sans déplaisir, Naples devenir une grande cité industrielle. Il se forme peu à peu, dans ses ateliers, une classe qui amassera, et portera à la terre maternelle le surplus de ses gains. L'industrie, dans l'Italie méridionale, rémunérera le travail qui ne trouve pas à se faire payer par un sol ingrat ; elle créera aussi une bourgeoisie. Mais ce sera long ; les conditions de l'exploitation industrielle où tous les bénéfices sont pour le capital, ne permettent pas d'espérer, d'ici longtemps, un accroissement appréciable de la classe bourgeoise : ceux qui la composent sont encore trop jaloux de leurs prérogatives. Aussi verrai-je volontiers, dans un phénomène économique spécial à l'Italie méridionale, la solution cherchée ; je veux parler de l'émigration. Ici, je quitte quelque peu mes guides autorisés. Si je les suis encore dans l'exposition des faits, je vais plus loin qu'eux dans les conclusions, ou du moins je tire une conclusion nouvelle. Je ne crois pas cependant qu'ils me désapprouvent. Écoutez d'abord ce que dit, du fait de l'émigration, M. Fortunato :

« Le singulier phénomène d'un changement aussi rapide dans notre vie économique et financière serait toutefois inexplicable, si on le séparait d'un fait vraiment grandiose et dont peut s'enorgueillir l'Italie. Je veux parler de l'émigration vers les pays au delà de l'Océan, laquelle, à mon avis, est un élément incalculable de civilisation et de bien-être pour notre pays. Le grand navire traverse l'Atlantique sous le pavillon britannique ou sous le pavillon allemand, mais il porte dans ses flancs un peuple « humble et fier », exceptionnellement laborieux, sobre, persévérant, l'émigrant italien, dont la nomade et inquiète âme latine s'efforce de gravir les rudes échelons du travail... Ils peinent là-bas pour soutenir leur famille laissée en Italie, et pour alimenter le grand fonds d'épargne nationale. Ils n'oublient pas la chère patrie lointaine, qu'ils espèrent revoir avant de mourir... De 1894 à 1906, trois millions de nos frères d'Amérique ont envoyé annuellement en Italie entre 250 et 300 millions de lires. C'est donc plus de trois milliards qui, en douze ans, sont venus chez nous, et dont le tiers seulement a servi à la subsistance des familles. Tout le reste a été déposé dans les caisses d'épargne ».

Ne puis-je pas croire que le jour où, au lieu de déposer ces trois cent millions annuels dans les caisses d'épargne où ils servent au bien général de l'Italie, mais davantage au Nord qu'au Midi, les parents des émigrés les consacreront à l'amélioration agricole, peu à peu se formera une bourgeoisie capitaliste qui s'instruira, et fera rendre au sol tout ce qu'il peut donner? Suivons encore M. Fortunato dans le discours qu'il prononça en prenant possession de son siège au Sénat, après trente années de lutte indéfectible, de dévouement irréductible à la cause méridionale. Celui-là, du moins, arrivé au repos, n'a rien renié de ses idées, et son cri d'alarme, que j'entendis au seuil même de cette terre stérile, est l'un des plus déchirants que l'on puisse écouter ; il va répondre à ma question :

« L'émigration, disait M. Fortunato, à la tribune du Sénat, le 30 juin 1909, l'émigration des provinces méridionales est un mal qu'explique et que justifie la disproportion entre la population et l'infertilité de la terre, et qui nous préserve de maux infiniment plus graves. L'émigration nous a guéris de la hideuse plaie du brigandage, qui semblait, et était en réalité, le funeste privilège de nos campagnes, depuis Tite-Live jusqu'à il y a trente ans. Elle a abaissé d'un cinquième le nombre des homicides, et aussi le vol des bestiaux, vieille hérédité lui aussi. Elle a rendu plus rare les révoltes des centres ruraux, qu'un parti politique se flatte d'arrêter par une simple disposition de loi. Elle a donné aux basses classes le désir et le besoin de l'instruction. Elle a permis enfin à nombre de jeunes gens de ne pas mourir de faim : dans beaucoup de communes de ma Basilicate — et je pourrais les nommer — il est beaucoup de familles qui ne peuvent payer l'impôt que grâce aux envois des émigrés.

« On s'est demandé (et c'est ma question même) : Que fait-on de cet argent venu d'Amérique ? Pourquoi l'agriculture méridionale ne s'améliore-t-elle pas ? — Ce qu'il advient de cet argent ? Je le demande aux caisses de l'État, qui, d'une façon ou de l'autre, l'absorbent presque tout entier ! Il a du moins eu sa part dans les dépenses publiques. — Pourquoi l'agriculture ne s'améliore-t-elle pas ? Pour des raisons qui tiennent au sol et au climat. Nous sommes à peine au commencement de la lutte contre la malaria, et beaucoup d'années s'écouleront encore avant que l'Apennin se soit reboisé et ait régularisé ses eaux. Il suffit, d'ailleurs, de songer à la rareté de l'argent et au taux de l'escompte, deux faits économiques qui durent encore et expliquent tout. C'est pourquoi nous pourrions vivre aussi longtemps que nous le voudrions, nous tous qui sommes ici, et édicter toutes les lois que nous désirons : aucun de nous ne verra jamais l'Italie méridionale revivre à une nouvelle vie, parce qu'elle est extrêmement pauvre et parce qu'elle subit un système d'impôt qui est proprement la confiscation.

« Quel est le remède ? Le sénateur Villari l'a dit dans une phrase lapidaire, lorsqu'il a montré que la première chose, qui est pour moi la seule et décisive, est de refaire l'âme populaire, de « refaire l'Italie ». C'est-à-dire de reprendre à pied d'œuvre notre politique générale, de nous rendre compte que la folie des grandeurs qui nous a conduits jusqu'ici, si elle peut encore convenir à la haute et à la moyenne Italie, d'autant plus prospères que la nature les a favorisées, est absolument insupportable aux poches et aux faibles moyens des provinces méridionales et insulaires.

« Si nous n'avons pas encore su affranchir nos émigrants de ces deux hontes : en Italie les courtiers, véritables marchands de chair humaine, au delà les mers les gens d'affaires (*banchisti*), dernière expression de la dégradation humaine, si nous n'avons pas guéri les provinces méridionales de cette lèpre qu'est la question domaniale, assez facile à résoudre selon moi, si on l'envisage d'une manière particulière, comment espérer que l'État puisse songer à résoudre convenablement, raisonnablement, en même temps que le problème de l'émigration, celui du Midi tout entier, dont l'émigration n'est qu'un phénomène particulier?

« Toute espérance, tout rêve seraient vains, et longtemps l'Italie méridionale demeurera un Sphynx terrible et dangereux, tant qu'il ne sera pas donné, à nous qui ne possédons ni la plus belle ni la plus riche partie de la péninsule, de respirer dans une atmosphère économique, civile et morale, supérieure à celle où, non par notre faute ni par notre paresse, nous vivons ! Le Sénat me pardonnera si, pour la première fois que j'ai l'honneur de parler dans cette assemblée, je n'ai pas su dissimuler l'ancienne et profonde amertume de mon âme ».

A une réponse du sénateur Villari, M. Fortunato réplique, cette fois, par des précisions qui donnent le frisson :

« En Pouille, le phylloxera a détruit, en huit ou neuf ans, trente-quatre mille hectares de vignes ; leurs propriétaires ont dû émigrer. Dans dix ans, les autres plants de vigne des Pouilles, soit trois cent mille hectares, seront détruits par le phylloxera ; ceux qui les cultivent avec une obstination héroïque devront émigrer... Sinon, que faire ? Reprendre sur une plus vaste échelle la culture des céréales ? Demandez à l'honorable Cuboni quelles sont les difficultés d'une bonne graniculture dans le Midi. Replanter des oliviers et des orangers ? Oui, si leur prix doit descendre à des taux plus humains, si tant d'engagements légèrement pris ne nous obligent pas à rouvrir le Grand Livre de la Dette publique. Revenir à l'élève du bétail ? On commence à le faire (en Calabre, sur la Sila, principalement). En dehors de l'émigration, il n'y a de possible qu'une politique de modération, qui remédiera au malheur du Midi... Le Midi, pour renaître, a besoin d'une nouvelle politique intérieure et extérieure, d'une politique d'essence plus modeste et recueillie, délibérément opposée aux grands rêves, en tout favorable à l'épargne libre et à l'éducation nationale. Pour la moitié de l'Italie, la politique générale de l'État italien n'est pas la vraie politique. Et elle n'est pas la vraie, parce qu'elle ne correspond pas à la réalité des choses. Il ne serait pas honorable de cacher la dure réalité à un pays comme le nôtre, trop facile à s'illusionner ; il n'y a rien de juste, lorsqu'il est héroïque, à lui faire voir son véritable état, qui n'est ni beau, ni heureux. Et c'est seulement, en connaissant cette réalité, en l'aimant et en la respectant d'un cœur tendre et sincère, que nous pourrons, ici et à la Chambre, en parler toujours avec indulgence, je dirai presque avec piété, sans jamais changer nos reproches, plus ou moins fondés, plus ou moins justes, les changer en invectives ».

On devine à quelles duretés ceci répondait. C'est que, pas plus qu'elles n'aiment à donner leur argent, ainsi que l'a constaté M. Ferrero, les classes dirigeantes n'aiment à ce qu'on leur montre les conséquences de leur parcimonie. L'émigration étale aux yeux du monde la triste condition sociale de l'Italie méridionale en regard de la prospérité septentrionale. Celle-ci n'aime pas beaucoup cet affichage. Et elle s'en prend, comme partout et toujours, aux effets et non aux causes. Il ne faut pas le dire : c'est l'éternel cri des profiteurs. Il vaudrait beaucoup mieux ne pas le faire. Dans le courant du mois de mars 1909, il est parti de Naples, pour l'Amérique, cinquante et un bateaux d'émigrants. Chacun portait deux mille personnes, soit cent deux mille âmes italiennes exilées de la terre natale par les conditions économiques qui leur sont faites. (A quel prix, en ce qui touche personnellement les émigrés italiens vivant en Amérique, s'obtient la prospérité probable, mais à long terme, de l'Italie méridionale ? L'étudier serait sortir de mon sujet, exclusivement italien. Si l'on s'intéresse aux conditions de la vie des émigrés italiens en Amérique, on lira avec un intérêt poignant la brochure de Frost : *Il problema italiano negli Stati uniti*, publiée à Pesaro ; Terenzi, éditeur).

Ah ! qu'il serait tentant de revenir ici à mes préférences fédératives, c'est-à-dire à l'autonomie de chaque province pour les intérêts sociaux, et à l'unité pour la vie extérieure ! Ce sera peut-être, et je le crois toujours, l'avenir ; car le problème me paraît insoluble de ces deux Italies, de ces vingt Italies ! Dans l'État actuel de l'Europe, dans les conditions économiques présentes du monde, la fédération serait préjudiciable à l'Italie méridionale trop pauvre, trop ignorante, trop peu civilisée pour pouvoir s'administrer seule. Elle a besoin d'être soutenue. Songeons qu'elle se trouve à peu près dans la situation des Balkans. Ce serait l'anarchie et, par conséquent, un nouveau démembrement. Ce qu'il faut donc, c'est élever le niveau intellectuel et matériel de la péninsule. Des écoles accessibles, le reboisement, des capitaux enfin, voilà les trois remèdes. J'y ajoute, en acceptant le point de départ de M. Fortunato, et en en tirant les conséquences, j'y ajoute l'émigration, source d'argent pour le Midi, mais ressource transitoire. En Calabre, où il n'y a pour ainsi dire plus d'hommes pour cultiver la terre, le prix de celle-ci monte toujours : les émigrés rachètent le lopin paternel. Un jour viendra où le frère, resté au pays pour soigner les vieux parents, se mettra au travail, grâce à l'argent envoyé par ses frères d'Amérique. Si l'État l'aide un peu, en le dégrevant, en reboisant, il prendra goût à un travail dont le produit ne sera pas absorbé presque tout entier par les impôts ; et peu à peu se formera une petite bourgeoisie, se remplira un bas de laine qui se videra dans les sillons.

VI

L'INNAMORATO MARE

Tarente.

Je l'ai vue hier soir, à la nuit tombante, du plus loin de la plaine des Pouilles, une ligne de feux piqués le long de la mer encore rose du crépuscule. Le flot, fatigué de battre ce rivage sans résistances, n'était pas plus affaissé qu'elle ne paraissait. Une même mollesse les enlaçait l'un à l'autre. Est-ce son nom voluptueux dans sa sonorité qui me la rend si troublé et caressante ? Sa beauté est d'une chatte étirée, roulant doucement sur le rivage des membres soyeux et souples, abandonnés dans le bien-être de l'heure oisive. Et ce matin, au soleil, c'est encore la même impression qu'elle donne. Il faut la voir, au bord de son petit golfe, au fond du golfe immense auquel elle a donné son nom ; toute reposée, mince sur le sable, à peine saillante, et tendant seulement, jusqu'à l'infini, la couronne de ses bras : d'un côté, le môle; de l'autre, les deux îles qui semblent réunies entre elles et à la terre, deux bras d'amoureuse allant au loin serrer le corps de son amante. L'étreinte de Tarente sur Amphitrite est d'une tendresse, d'un amour sans égales. Elle se fait elle-même si humble, si petite, son pur corps de créature indécise, lascif avec douceur, de mouvements légers, comme si elle avait peur d'effaroucher, jouant de ses charmes irrésolus! Et ses grands bras sont si longs, si longs, si fuselés, et tendus jusqu'à l'horizon qu'ils caressent avec la même légèreté, la même prudence, le même trouble pour nous, qui regardons sa séduction! Son délice est intense, périlleux entre tous, de bête chaude, au sourire éternel, de sirène dorée. Parthenope a quitté les bords tyrrhéniens pour ceux d'Ionie, où il y a moins de majesté, mais un air plus languide, une lumière plus voilée et des flots plus lourds. Le golfe de Naples a de la grandeur, par Capri si haute et si altière qui le ferme, par Misène et la pointe de Sorrente si abruptes, par le Vésuve si noble, et par le Pizzo, cet éperon. Venise, au Lido, est droite, et ses clochers sont fiers. D'autres ont des beautés mâles ou même féminines. Celle-ci est d'une grâce perverse, tant elle est couchée! Tout est bas, à l'infini. Tout s'étire pour augmenter la surface d'attouchements. Et les yeux se perdent dans les profondeur blanches du rivage, argentées de la mer. Ce n'est pas une femme, c'est une enfant inquiétante, vierge trompeuse, comme celles dont Ulysse ne se sauva qu'en se faisant attacher au mât de son vaisseau. Des jours passeraient à la regarder, sans lassitude ; et serait accomplie la mission qu'elle reçut de perdre les hommes.

Le spectacle de Tarente est l'un des plus amoureux qu'il m'ait été donné de voir. Je ne croyais pas qu'il fût possible à un paysage d'exhaler à ce point l'ivresse. C'est le coin rêvé pour jeunes amants pâmés, mains enlacées tout le long du jour, et qui demandent aux choses de respirer à leur égal la béatitude, et toujours plus profond, jusqu'à l'impossible. Cet aspect de Tarente n'est pas, cependant, le seul qu'elle possède. Celui-là est celui de la rive marine. Mais Tarente en montre un second. Elle est assise, en effet, à cheval sur les eaux. Son petit golfe, au fond du grand, est fermé par un rocher qu'elle occupe, rocher long et plat, arête de colline que la mer a taillée en deux endroits, pour passer. La face interne de ce rocher regarde donc un lac paisible où de grands vaisseaux viennent mouiller, par un étroit chenal, qu'un château fort domine.

Tarente détient ainsi deux mers, une libre que les bras de ses môles pressent sur son sein, l'autre intérieure qu'elle surveille d'un quai populeux. De ce côté, c'est le port pittoresque des pêcheurs, avec ses masures, ses grouillements et ses odeurs. Sa ligne pourtant, bien qu'elle se soit arrondie elle aussi, emprunte quelque chose de sain à cette sordidité. Cette face a la même caresse que l'autre, mais sa couleur est moins fade. Tout y est baigné d'une teinte bistre, les maisons étroites et courtes, serrées en désordre et sans alignement, qui semblent ainsi porter un vêtement de bure claire, claquant au vent, et dont les fenêtres sont les trous en guenille. Ensemble misérable, de misère sensuelle aussi, par sa rondeur, mais plus rude, sans violence mais sans perversion, quelque chose comme serait une gitane de carrefour, ardente et flexible, fangeuse et souillée, mais qui mord et ne tue pas de baisers défendus. Le décor marin est d'un jardin trop grisant, affolant les sens trop excités. Ici, c'est l'envers du décor, vu de la scène, ses rapiècements et ses déchirures. Tarente, de ce côté, n'a plus rien de désirable pour les amants qui poursuivent de plus en plus le plaisir. Peut-être est-elle plus attirante pour les cœurs sensibles et sans amour, par son paysage restreint, si net, sa ligne un peu sèche sur le lac paisible, le mare piccolo que piquent les deux caps du Pizzone et de la Penna, et les basses collines qui semblent des dunes. Tout cela bien limité, sans aucun excès de forme et sous une lumière atténuée, franche cependant. Le soleil baigne un instant, chaque matin, le quai populeux. Et, tout de suite, il saute vers la mer avide. Tarente, la Tarente du mare piccolo s'éteint, s'endort dans son grossier manteau. Elle tient les eaux dans le creux de sa main calleuse et ravinée ; sous son vêtement en morceaux, elle montre la fermeté de sa taille et de ses jarrets. L'air léger qui la baigne, ce fuyant reflet d'amour venu du large infini et de la côte languide et criminelle, se retrempe d'un sel plus humain. La vermine a chassé la fièvre louche. Si l'on y aime, c'est sans péché contre la nature, d'un amour fortifiant.

Ces deux Tarentes, si distinctes pour l'impression du voyageur contemporain, les anciens ne la connaissaient pas. Là où elles offrent leurs charmes à choisir, s'élevait l'Acropole. La ville s'étendait dans la plaine où des quartiers neufs se bâtissent. Il y a cent ans, Paul-Louis Courier écrivait :

« Tarente a disparu ; il n'en reste que le

nom ; et l'on ne saurait même où elle fut, sans les marmites dont les débris, à quelque distance de la ville actuelle, indiquent la place de l'ancienne. Vous rappelez-vous, à Rome, le Mont Testaccio ? On voit ici, non pas un mont, mais un rivage composé des mêmes éléments, un terrain fort étendu sous lequel, en fouillant, on rencontre, au lieu de tuf, des fragments de poteries dont la plage est toute rouge. La côte qui s'éboule en découvre des lits immenses ; j'y ai trouvé une jolie lampe : rien n'empêche que ce ne soit celle de Pythagore. Mais, dites-moi, qu'étaient-ce donc que ces villes dont les pots cassés formaient des montagnes ? *Ex unque leonem.* Je juge des anciens par leurs cruches et ne vois chez nous rien d'approchant ».

La montagne de marmites, le Testaccio tarentin, a été nivelé, et la cité moderne étale de larges places, des monuments et des quais. L'ancienne reste la ville du moyen âge, bâtie sur l'emplacement de l'Acropole antique. Un peuple de pêcheurs grouille dans des rues étroites et sales, autour d'une église du XIe siècle, sous les murs d'une citadelle espagnole. La cathédrale est une basilique à coupole, c'est-à-dire élevée dans le style cher aux Normands qui cherchaient une conciliation entre l'orient et l'occident. Des chapiteaux antiques ont été ramassés dans les ruines des vieux temples. Ils renouvellent à nos yeux un assemblage que Rome, toute l'Italie aussi, nous ont rendu familier. Aussi n'est-ce point pour ce spectacle, banal pour moi, d'une ville fourmillant d'un peuple malodorant, ni d'une église non moins connue, que je suis venu. D'avoir rencontré le paysage énamouré, ce n'est qu'une bonne fortune. Mon désir est de prendre contact avec la Grande-Grèce, de sourire au premier sourire italien de la première patrie de tous les Latins. Des fabuleux Pélasges, Tarente tomba entre les mains d'une colonie dorienne, plus particulièrement lacédémonienne. Aux deux extrémités des bords ioniens, Locre et Tarente fixaient chacune une borne dorienne, Sybaris et Crotone, ioniennes, entre elles deux. Longtemps, les rivalités entre les deux races retint Tarente dans les formes spartiates. Elle lutta longtemps contre Sybaris. Lorsque celle-ci fut soumise par Crotone, la puissance de la ville de Pythagore s'imposa, et Tarente se laissa aller, d'autre part, à la mollesse, dont sa prospérité se corrompait peu à peu, en l'engendrant. Pythagore était débarqué un jour, fuyant Samos, sur les rives grecques d'Italie. Il fonda à Crotone son école ascétique, excellente pour la moralité publique, bientôt funeste pour la vie sociale et pour la vie politique.

Cet homme qui, vers l'an 500 avant Jésus-Christ, conçut une morale toute chrétienne, la modestie de la vie, la chasteté des époux, qui dit à l'homme de ne pas laisser finir le jour sans s'être réconcilié avec son frère offensé, qui déclara que l'honnête devait passer avant l'utile, cette homme voulut construire une société à l'image d'un couvent. Il demanda à ses disciples tout renoncement individuel, tout abandon personnel des avantages de la vie. Il rêva, au fond, une société sévèrement et rudement collectiviste. Cela impliquait la remise de toutes les destinées entre les mains de quelques inspirés. On a comparé la société de Pythagore à celle que Savonarole voulut, plus tard, instituer à Florence. Que la ionienne et démocratique Crotone s'en fût accommodée, c'était miraculeux. Tarente, dorienne et aristocratique, s'en arrangea plus facilement. Et cependant, à Tarente, comme à Crotone, comme à Florence, elle craqua, comme elle craquera toujours, chez tous les peuples gréco-latins, en dépit des nuances. Ces peuples ont un sentiment de la personnalité, de l'indépendance individuelle beaucoup trop fort pour se plier à une volonté qui dirige tous leurs gestes, quelle que soit la forme de gouvernement qu'ils préfèrent. L'individu doit rester sauf. Bien des révolutions ont eu pour cause ce sentiment personnel, et la plus sérieuse objection que l'on puisse opposer au collectivisme moderne est dans le trop bon marché qu'il fait de l'individu. « Et s'il me plaît à moi », l'immortel mot de Molière, est celui de toutes les races, qui ont sucé le lait de la Grèce, pour toutes les circonstances de la vie. La doctrine et le gouvernement de Pythagore furent victimes de ce sentiment-là. Vingt ans après le triomphe de la démocratie, on revint cependant à la doctrine intérieure, à la morale pythagoricienne, et Tarente entra dans le mouvement épuré de la génération nouvelle, plus souple, moins dédaigneuse de la foule, jalouse de tout privilège, ennemie d'une aristocratie qui n'a pas pour seule raison d'être la supériorité intellectuelle et morale, ce triomphe suprême de l'individu!

Le grand Archytas de Tarente, né une centaine d'années après l'arrivée, à Crotone, de Pythagore, résuma cette conception adoucie. S'étant signalé à ses concitoyens par ses connaissances mathémathiques et philosophiques, s'étant rendu utile par ses inventions telles que celles de la poulie et de la vis — l'on voit moins à quoi pouvait bien servir son irritante crécelle ! — il fut porté tout d'une voix, et six fois de suite, au gouvernement de la ville, qu'il conduisit au plus haut point de prospérité. Le moins curieux de son œuvre n'est pas, assurément, de voir cet ami de Platon, dont il plaida la cause auprès de Denys, renverser précisément le système platonicien. Quel enseignement donna, ce jour-là, la dorienne et aristocratique Tarente passant à la démocratie ! Il n'est pas douteux, d'autre part, que la réaction pythagoricienne ne soit l'une des causes de ce renversement. Ce que fut, au juste, ce gouvernement d'Archytas, on le sait mal. M. Croiset, dans son ouvrage : *Les Démocraties antiques*, y fait allusion dans ces quelques lignes :

« Donnons un souvenir, en passant, à une curieuse tentative des Tarentins pour constituer, au-dessous d'une aristocratie riche et prépondérante, une sorte de collectivisme limité aux pauvres, c'est-à-dire l'inverse même du système de Platon. Aristote, qui mentionne brièvement le fait, semble dire que les résultats en furent favorables. Mais nous ne savons ni la date exacte, ni les circonstances précises de cet essai curieux ».

Il n'est pas téméraire de fixer cette date à

l'époque d'Archytas. L'élève de Pythagore voyait clair ; il comprit lui-même les dangers d'un gouvernement monacal ; et, d'aute part, devinant qu'un collectivisme modéré, l'association des humbles, pouvaient seuls permettre aux pauvres de vivre à côté d'une aristocratie orgueilleuse, il retourna le système. Il ne rêva point, lui, de constituer une société nouvelle, mais de rendre habitable aux déshérités celle de l'heure. Il a été le « réformiste » d'un parti analogue à notre parti socialiste, en opposition, lui aussi, avec les chercheurs d'absolu. Le *primum vivere* aurait pu être sa devise, et il y a lieu de croire que Tarente vécut. En effet, lorsque les Carthaginois menacèrent la Sicile, Tarente courut au secours de Denys. Le tyran de Syracuse, ayant ainsi apprécié la force de la Grande Grèce, voulut aussitôt se la soumettre. Archytas forme alors une grande confédération des villes gréco-italiques. Les rivalités de ville à ville renaissent. Les Lucaniens descendent des montagnes et Tarente commet l'imprudence d'appeler les Romains. Elle comprend aussitôt son imprudence, elle réclame du secours à Pyrrhus, et elle s'allie à Annibal contre Rome, Annibal qui, obligé de regagner l'Afrique pour résister à Scipion, massacre ses soldats tarentins, en disant : « Du moins, ces bons soldats ne passeront pas à l'ennemi ! »

Le rôle de Tarente finit avec celui de la Grande Grèce. Elle devint purement latine, et, lors du retour de la Grèce, sous la forme byzantine, en Italie, elle eut sa part dans ce miraculeux mouvement de renaissance orientale, qui faillit enlever définitivement aux Latins l'Italie méridionale. Les grottes basiliennes, où priaient les moines grecs exilés, attestent la puissance de cet essor. Nous avons trop, jusqu'à ce jour, regardé l'histoire de Byzance avec des yeux romains. Gibbon nous a tenus longtemps sous sa loi. Depuis Lenormant, qui, le premier, revendiqua les titres civilisateurs de la Grèce, depuis MM. Charles Diehl, Émile Bertaux et Jules Gay, on commence à rendre justice à la domination grecque en Italie. Il faut encore attendre que les recherches, à peine commencées, aient été achevées. Dès à présent on peut conclure que la besogne entamée par Bélisaire ne fut pas stérile. Les précautions des Normands envers les Grecs ne nous disent-elles pas, d'ailleurs, qu'il fallait compter avec l'âme orientale, en Italie ? Les Normands protégeaient les moines basiliens, à l'égal des cisterciens, pour se ménager tout un peuple. Et si les basiliens furent définitivement vaincus par l'esprit latin, n'est-ce pas que leur ordre ascétique, contemplatif, était comme une manière de renouveau pythagoricien ? L'âme grecque ne s'accommoda pas plus la seconde fois que la première de tant d'abnégation personnelle. Elle préféra se fondre dans l'âme latine où elle retrouvait, d'ailleurs, l'essence même de son idéal, je veux dire l'exaltation de l'esprit libre, le respect de l'intelligence, et la puissance d'expansion qui avait porté Athènes jusqu'aux rives de l'Euphrate et du Nil. Rome absorba l'Orient, mais l'Orient conquit l'Italie, et c'est grâce à celle-ci que la splendeur attique est parvenue jusqu'à nous. Nous ne les séparons plus dans nos cœurs. Grec et latin se sont confondus. Nous ne pouvons distinguer les enfants des uns de ceux des autres. La mer de Tarente reste pour nous, comme notre culture, gréco-latine. Aux rives d'Italie, comme aux rives de Grèce, c'est la mer Ionienne qui bat également. Et dans le mare piccolo, ce sont encore des pêcheurs au parler grec qui tirent les filets. Tout à l'heure, le long des jardins de la villa Bonelli, sur le bord de ce golfe intérieur, j'ai vu ramener un gros poisson aux ouïes scintillantes comme des diamants enchassés de rubis. Pourquoi, si ce n'est pour l'éternel souvenir et la perpétuité ineffaçable de la race antique, me suis-je amusé à croire que Pythagore, fuyant Samos et Polycrate, avait emporté avec lui et déposé dans ce lac paisible, pour l'enseignement des générations, le fameux anneau et son écrin frétillant?

VII

LE PHARE DE PAESTUM

Paestum.

Pour passer de la mer ionienne à la tyrrhénienne, on doit traverser toute la Basilicate, après avoir côtoyé, pendant deux heures, les rivages de la Grande Grèce. La prospérité de cette dernière était-elle aussi considérable qu'on le dit ? Les noms de Métaponte, Sybaris et Crotone ont tant de plénitude qu'il semble difficile de situer les villes qu'ils désignent dans le misérable désert où, comme à Métaponte, il ne reste d'elles aucun vestige. Prenons garde, en effet, d'attribuer à la nature l'éclat tout moral qui nous éblouit aujourd'hui. Assurément, ces champs abandonnés, fiévreux et stériles germaient de moissons. Ils ne purent, cependant, rivaliser, comme on le voudrait, avec la Campanie. Et les extases des écrivains grecs, qui y abordaient, ne font sans doute qu'indiquer un état de culture meilleur que celui de la Grèce propre, mais non excellent en soi. Les rives méditerranéennes, autour de Naples, sont restées prospères. Les rives ioniennes, tombées dans les mêmes mains que leurs sœurs tyrrhéniennes, le seraient demeurées aussi, tout au moins se seraient rapprochées de celles-ci, au lieu de rouler au néant absolu. Mais combien le nom de Métaponte, crié dans une gare qui est la seule maison de cette campagne à l'abandon, sonne poétiquement ainsi ! Tant que la ville, même modernisée, occupe la place antique, et que le peuple grouille là où il se promenait, le sentiment de la réalité que l'on touche, vous garde critique. Lorsque l'herbe seule occupe le sol, lorsque le vocable ne désigne plus qu'un emplacement, les plus suaves sentiments vous emportent, et c'est le rêve qui possède tous les droits. Et si, comme ici, et surtout comme à Paestum, quelques monuments portent le poids de tous les souvenirs, alors, aux récits des anciens, nous ajoutons notre émoi de ces ruines et de cette viduité, et nous composons, pour notre joie, aidés par la littérature, des spectacles généreux.

La Basilicate est plus sombre et triste encore que les Abruzzes. La juger pour l'avoir seulement traversée serait téméraire. Ce qu'on m'a dit de sa pauvreté, la plus profonde de toute l'Italie, doit être vrai pourtant. Il suffit de voir le Busento, au cours si menu dans un lit considérable, perdu dans des monceaux de cailloux, il suffit de voir ces montagnes pelées, ces champs à peu près vides d'habitants, il suffit de sentir sous ses pieds ce sol instable qui rend le chemin de fer circonspect, constamment surveillé pour parer aux affaissements, il suffit d'un regard de passant pour apprécier, si ce n'est juger, sans trop de présomption. Un Italien, du Nord il est vrai, me disait l'autre jour : « Toute cette vallée du Busento est comme minée. Il faudrait que Dieu y appuyât sa droite puissante, enfonçât la Basilicate au-dessous des niveaux, et que les eaux de la mer vinssent la recouvrir ! » La part faite à la méprisante cruauté de l'orgueilleux Lombard, il reste de ce vœu au moins une constatation : la misère foncière, c'est-à-dire naturelle, par l'instabilité du sol toujours en mouvement, et par son infertilité hargneuse, de la triste Basilicate. Et ce que mes amis méridionaux ont écrit et m'ont dit, ce que j'ai consigné à Lecce sur la condition des Pouilles, devrait se répéter ici plus énergiquement encore. La stérilité est la même, avec des apparences plus cruelles, le paysage montagneux, toujours si noble, n'étant qu'illusoire. Dans les Pouilles, la terre tremble aussi, mais par intermittences. Ici elle est perpétuellement mouvante ; elle glisse incessamment. Peut-être que le reboisement la retiendrait un peu. En attendant, elle n'offre ni sécurité, ni pitance à ses habitants, et ses émigrants, lorsqu'ils envoient leurs gains d'Amérique pour racheter le champ paternel, sont en droit de se demander si celui-ci n'a pas déjà coulé dans le lit du fleuve.

Des villes pourtant, comme Potenza, subsistent dans ces solitudes noires. Elles s'accrochent à un rocher plus stable, et animent un peu les lignes longues et ternes de la montagne. Au moment de passer du bassin ionien dans le bassin tyrrhénien, la nature se fait plus âpre, cependant. Plus dénuée de tout, peut-être, mais moins sinistre parce qu'elle semble se défendre. Résister, c'est vivre toujours. Ici, le rocher résiste. La voie doit le percer à chaque instant, et elle côtoie un torrent dont le fracas domine la ferraillerie du train qui m'emporte. Eboli, sur le versant méditerranéen, hasarde encore un aspect sévère, et lorsqu'on arrive dans la grande plaine, que Paestum est seule à rendre illustre et suggestive, ce sont bien à peu près les champs de la

Grande Grèce ionienne que l'on retrouve. La Campanie vient mourir ici, vraiment épuisée. On ne peut, sur les bords du Sele, accuser l'ingratitude humaine. Et si là Grande Grèce s'étendit jusqu'ici nous pouvons sans témérité accuser, sur les deux versants, l'ingratitude de la nature. Métaponte et Paestum se tendent la main par-dessus les Apennins, pour nous laisser du pays où elles fleurirent en même temps une image harmonieuse et fidèle.

Mais jamais Paestum ne vécut aussi glorieusement que depuis sa mort, du moins depuis la mort d'où, il y a deux cents ans, on alla la réveiller. « Vers l'an 1725, dit un écrivain anglais du XVIIIe siècle, un jeune élève d'un peintre de Naples, étant en vacances à Capaccio, sa patrie, la chasse ou la promenade le conduisirent sur des collines qui environnent l'ancien territoire de Paestum. Il n'y aperçut, pour toute habitation, qu'une métairie couverte de paille et tenue par un métayer, qui, cultivant les meilleures parties du terrain, tenait les autres en réserve pour la pâture de ses bestiaux : les ruines de l'ancienne ville faisaient partie de cette réserve. De la colline d'où on les découvrait, ces ruines avaient frappé les yeux du jeune élève, qui, s'en étant approché, y vit avec étonnement des remparts et des portes encore subsistantes en partie, des rues dont on pouvait suivre l'alignement, des édifices publics et des temples dont le temps avait respecté la solidité. Tous ces édifices, élevés sans doute par les Doriens, fondateurs de Paestum, annonçait la plus haute antiquité, par la ressemblance de leur construction et de leurs proportions avec les restes de l'ancienne architecture égyptienne, qui subsistent encore dans la haute Égypte. En revenant à Capaccio, l'artiste consulta la tradition du voisinage sur ces monuments, et il apprit que, de mémoire d'homme, ce terrain était inculte et abandonné ; que, depuis dix à douze années, le métayer, dont il avait vu l'habitation, s'était avisé de s'y établir ; qu'ayant fouillé les masures qui environnent cette habitation, il y avait trouvé des trésors qui l'avaient enrichi et mis en état de prendre à cens ce terrain vague et inhabité. De retour à Naples, le jeune élève s'empressa de faire part à son maître de sa découverte. L'enthousiasme avec lequel il en parlait excita la curiosité du peintre, qui alla sur les lieux et y trouva d'autant plus de quoi la satisfaire que ses yeux étaient plus exercés sur des objets de ce genre. Enfin Paestum sortit de l'obscurité à laquelle elle était condamnée depuis si longtemps. Les curieux y abordèrent en foule : on peignit ses ruines sous les aspects les plus intéressants. M. le Comte de Gozzala, grand maître de l'artillerie, en fit lever sous ses yeux les plans et les élévations ; il occupait les meilleurs artistes de Naples à les graver chez lui ; enfin, il conduisit sur ces ruines le roi lui-même qui les assigna pour rendez-vous d'une grande partie de chasse ».

Telle était Paestum lorsque le petit rapin la découvrit, telle elle est encore aujourd'hui, avec sa métairie et ses temples. Le métayer, en plantant au bord de la route les bâtiments de sa ferme, n'a certes point pensé à nous. Il se trouve cependant que l'effet des temples, au tournant des murs, est saisissant. Ils apparaissent, tout à coup, solitaires dans la lande, sur le ciel et la mer. Il n'y a autour d'eux, hors du petit groupe de la métairie comme gardien, que l'immensité. Vieux témoins inutiles, ils ne conservent que des lignes, mais ce sont celles de la Grèce. Dans ce désert, sur les nuages et l'écume, ils ont pour mission unique de répandre en l'occident leur lumière. Deux à gauche et presque accotés, un à droite, il faut bien croire qu'ils ornèrent une cité. On dirait cependant de simples exemplaires déposés là pour l'édification ou le souvenir. Une ville, pourquoi ? Paestum mena toujours une vie obscure, dont l'humanité peut se passer. Ses temples nous manqueraient, à l'encontre de cette fille de Sybaris. Du XIIIe siècle au XVIIIe, ils avaient été totalement oubliés ; ils étaient perdus. Lorsque les Lombards et les Normands leur eurent volé, pour Salerne et Amalfi, tout ce qu'on pouvait leur prendre, ils disparurent. Et ils reparurent, les temps révolus, lorsque les hommes furent enfin capables de les comprendre.

Leur destinée est aujourd'hui incomparable. Perdus dans la lande, ils sont la tradition, malgré les sauvages, et souvent malgré nous-mêmes. Nos pères les dépecèrent ; nous pansons leurs blessures, et notre cœur ressuscite aussi à leur accent. Leur pureté agit quotidiennement sur nous. Voyez le temple de Neptune. Tout ouvert, troué de toutes parts, il n'a pas cependant la beauté des ruines. Pas un instant on ne songe à la poésie des choses démembrées ; et son paysage, à y réfléchir, ne lui donne rien de plus. Non, il agit sur nous par sa seule beauté, et entière. Cet art grec est si net, si naturel, si simple, qu'il se suffit toujours à soi-même. Je ne vois pas ce Neptune massacré ; je ne le reconstruis même pas. Il se présente complet devant moi, parce qu'il est une expression achevée. Y eût-il un toit, une cella fermée, et des stucs, et des peintures? Ils ne me manquent pas. C'est que sa beauté est dans ses membres mêmes. Et voilà la grandeur de cet art-là. Je n'ai rien cherché, rien demandé à l'imagination, au raffinement. Ce qu'on en a mis reste vain. Tout ce qui le compose est foncier; il doit sa noblesse à sa seule ossature. Ceux qui élevèrent ces temples grecs, partout où la Méditerranée bat ses flots, pensaient naturellement avec majesté. De là un art précis et génial à la fois, dans le sens où le mot génie évoque l'exaltation. Ils poussent leurs colonnes comme des arbres sortant du sol. Les cannelures ont l'air d'être taillées pour la montée de la sève, et le chapiteau est la fleur même, au calice bien ouvert, de ces forêts. Car ce sont de pures forêts. Il semble que, si des ravages ont été exercés, ce n'est qu'en étendue. Ces colones alignées en appellent d'autres. On en en voit à l'infini. Les trois temples se relient les uns aux autres, sans rupture de contact. Le temple grec est immense, et il ne nous dit rien que nous ne puissions entendre. Là où nous trouverions quelquefois de la sécheresse, où nos yeux habitués à des œuvres plus compliquées, demanderaient, par routine, du décor, il nous rappelle aussitôt aux plus grandes lois. Ils sont, non pas secs, mais précis, comme devraient être toutes nos pensées. Nous aimons trop à nous perdre dans le rêve. Souvent, je m'en accuse, dans mes voyages, je me suis plu à délirer... Je croyais bien que, à Paestum, je deviendrais fou... Et c'est le contraire qui m'arrive. Il y a, dans cet art, tant de mesure, d'équilibre, de netteté que je suis ramené dans la voie de la plus stable raison. Peut-être, demain, devant les monuments d'autres âges, reviendrai-je à mon plaisir de divaguer. Devant le miracle grec, il me faut être froid. Et c'est là son prodige, d'être miraculeux avec sagesse. Il a réalisé l'impossible qui est le songe éveillé, le songe qu'on observe et juge. Chose réelle, positive presque, l'art grec est, en même temps, l'inaccessible.

Ils sont trois témoins, dans la lande. L'un, le Neptune, grandiose ; le second, dit la basilique, moins heureux par la complication de sa double cella et de ses colonnes trop amincies, arbres trop frêles ; le dernier, le petit, si joli mais un peu mièvre, que l'on dirait plutôt de Palladio, ou de Gabriel. Et tous trois, cependant, attestent le même prodige. Il fut un peuple qui conçut la beauté et n'y tâtonna jamais. Du premier coup, il conçut la perfection et la réalisa. Qu'est-ce donc que l'homme, qui fit son chef-d'œuvre à son aurore et ne le recommença plus? Mais est-ce le chef-d'œuvre? Certes, puisque, après avoir tant cherché, c'est à lui que nous revenons. Après tant de culture, nous n'avons rien trouvé qui égalât cela. A peine en sa présence, nous renions notre passé récent, pour bondir aux temps fabuleux. Si l'on m'a suivi à Rome, on aura vu que la sculpture antique m'avait donné l'impression la plus mortelle. J'y avais pris conscience de l'inutilité de tout effort pour essayer autre chose. Les âges avaient fleuri vainement, puisqu'ils n'avaient rien réussi, auprès des Myron et des Scopas. Les temples de Paestum ajoutent encore à cette vanité. Lorsque Richard Wagner eut achevé son œuvre si magnifique de complication, de science, où l'art le plus subtil est au service d'une pensée si claire, il couronna sa vie par le pur et simple *Parsifal*. Il avait compris que l'art le plus viable sera toujours le plus épuré. Après *Tristan* et les *Maîtres*, nous assistons à la défaite de la raffinée Kundry, qui les symbolise. Les Grecs ont commencé comme finit Wagner. Tout de suite ils ont vu. Ah! le bel esprit! Il n'est pas nécessaire, me semble-t-il aujourd'hui, de lire les Grecs pour les comprendre. Leurs œuvres plastiques nous les dévoilent mieux que leurs discours. Ce sont leurs âmes que les temples de Paestum, des âmes sagaces, clairvoyantes, harmoniques et saines, âmes élevées, puisque ces colonnes ont tant de majesté, leur masse si solide dans le jet élancé, leur chapiteau qui est la pierre même se tassant sous le poids de l'entablement, leur inclinaison si étonnante et si logique, comme celle des arbres sous le vent; on pourrait les croire, par moments, ces âmes, évadées de ce monde. Mais voici l'alignement pareil ; voici les belles lignes droites, les angles droits ; voici la répétition, aux deux étages du Neptune, du même motif, et voici l'éternelle parité des modèles, différents dans leurs détails. Se tenir au beau, c'est peut-être plus difficile que de le trouver? Ceci est affaire de génie, cela de jugement. S'ils souriaient un peu, ces temples, j'y lirais Socrate. Peut-être, s'il fallait trouver qu'il leur manque quelque chose, serait-ce cela que je chercherais, un peu de malice, d'enjouement tout au moins. Les Grecs pensaient justement, ils s'exprimaient joyeusement, mais avec recherche, dans un sens extraordinaire des valeurs intellectuelles. L'architecture grecque, à Paestum du moins, ne donne que la face grave de leur génie *bifrons*. Et c'est l'essentielle, après tout. On pourra toujours trouver dans l'ingéniosité humaine de quoi présenter agréablement les choses. Au rebours de La Fontaine, nous dirons que c'est le fond qui manque le plus. Les Grecs l'avaient, et les temples de Paestum ont subsisté pour nous l'enseigner. Toujours nous trouverons les ingéniosités qui nous illusionnent sur notre faiblesse. Nous savons trop que nous manquerons presque toujours de pensée. Moi-même, que fais-je à tant chercher? N'est-ce pas que je veux me masquer à moi-même mon impuissance? Rien de ce qu'on peut dire n'est ce qu'on devrait dire.

Ce n'est pas, en effet, de ces temples qu'il faudrait parler. Ils ne sont pas là, ces trois témoins dans la lande, pour nous apprendre à bâtir. Ils sont là pour nous enseigner l'art de penser droitement. Les discours à tenir sous leurs portiques seraient ceux d'un Platon, dont jamais personne n'a égalé la profondeur. Les beautés plastiques à évoquer seraient celles d'un Polygnote et d'un Phidias. On devrait s'y sentir l'âme de Pythagore. Ils sont venus jusqu'à nous pour la mémoire de tout le génie humain et non pour l'une de ses parties. Ils tendent à exalter en nous le sentiment du beau, source des autres perfections, dans lesquelles, dans toutes lesquelles, il se retrouve. Quel que soit le sillon où nous poussons notre soc, ayons-les pour repère. Nous tracerons toujours en ligne droite. Poètes ou prosateurs, ingénieurs ou chimistes, leurs colonnes nous maintiendront dans la voie sensée. Ils ne permettent nulle échappée. Et, en fin de compte, si les Grecs les dressèrent avant toute chose, puisque les plus grossières métopes, comme celles de l'Acropole de Selinunte, étaient contemporaines de ces monuments parfaits qu'elles décoraient, ne devons-nous pas voir, dans cette grossièreté à côté de cette perfection, la preuve de l'enseignement que je leur attribue ? Les Grecs jalonnaient leur route de leur précision. Ils avaient ces temples sous les yeux, au haut des Acropoles, détachés sur l'azur de la mer et le mauve des monts ; avec eux à l'horizon, ils ne se perdaient jamais. Les temples grecs furent des phares qui ne s'éteignaient pas. Grâce à eux, le peuple de Cadmus put naviguer en sécurité, sans s'abîmer dans le vertige de l'esprit. Nous pouvons leur demander la même leçon. A l'heure où la raison se réveillait, ils surgirent avec elle. Efforçons-nous de ne pas les oublier une seconde fois. Où que nous soyons, où que nous allions, regardons-les toujours ; ils sont une leçon quotidienne d'équilibre et de jugement. Ils sont des sages. Inspirons-nous ! Ah ! qui donc prétend que la lande de Paestum est empoisonnée de fièvre ! Jamais, je ne me sentis mieux portant. Ceux qui y tombent dévorés par un mal sournois, sont ceux qui n'ont jamais levé les yeux. Le grand bienfait de Paestum, du premier regard jeté sur l'architecture antique avant de s'en éblouir en Sicile, est le sentiment de la mesure et la lucidité de l'esprit. Tâchons de conserver toujours ces temples au fond de nos prunelles, et nous verrons toutes choses avec des yeux perçants, avec des yeux clairs, avec des yeux conscients.

VIII

LA BALEINE DE RAVELLO

Salerne, Amalfi.

De Salerne à Sorrente se déroule l'un des paysages les plus fameux de l'Italie, le plus rêvé peut-être, avec Venise, par les cœurs sensibles. Je viens d'en couvrir aujourd'hui la première moitié, de Salerne à Amalfi. Qui croirait jamais que Salerne attacha son nom à l'art de l'hygiène ? Cette ville tortueuse et sale vit naître la célèbre école de Salerne ; ne devait-elle pas être la première à profiter des principes sanitaires ? L'école partie, en tout cas, elle ne manifesta aucun amour-propre d'auteur. A moins qu'elle ne boude ? Quelle que soit la raison, Salerne n'est pas attrayante. Lorsque je m'y arrêtai, arrivant de Paestum, il pleuvait à torrents. Il m'a paru que cette eau était ainsi gâchée. Une distribution égale vaudrait mieux, sur les choses et les gens. Et un certain courage me fut nécessaire pour grimper jusqu'à la cathédrale. Cette œuvre de Robert Guiscard, il faut la connaître si l'on veut s'édifier complètement sur l'art des Normands. Elle ne précède que d'une année la prise de Bari par les enfants de Tancrède de Hauteville, et déjà nous pouvons y voir toute l'ingéniosité déployée par ceux-ci, pour concilier leur idéal avec les conceptions byzantines que, depuis cinquante ans, ils rencontraient à chaque pas de leur conquête. Ils étaient, à Salerne, en domaine lombard, ce qui facilitait l'assimilation, les Lombards cultivant aussi l'art roman qu'ils corrigeaient de latin et de grec. Guiscard est très à l'aise dans cet amalgame. Il adopte l'atrium des basiliques qu'il orne des colonnes de Paestum ; il lance les arcs romans au-dessus des nefs, et il emprunte ses décors à Byzance. La Sicile va se charger bientôt de mettre tout cela au point oriental, et c'est elle qui enverra ici l'admirable chaire où tant d'églises de la Campanie viendront chercher un modèle, comme les églises des Pouilles imiteront Saint Nicolas de Bari. Certains prétendent, cependant, que l'art de ces chaires viendrait de Rome, des Cosmati. En effet, il est impossible de ne pas penser, en les voyant, à Cosmedin. Peut-être alors conviendrait-il de chercher aux deux ateliers, celui des Cosmati et celui des Normands de Sicile — car il n'est pas probable que les Cosmati soient descendus jusqu'ici — une origine commune. Et ce serait toujours à l'Orient qu'il faudrait revenir. Les Cosmati se seraient inspirés de Byzance par le canal de Mont Cassin, et les Normands y auraient puisé directement en Pouilles et en Sicile. La controverse peut être fertile. Ce qui ne l'est pas moins — et ce qui offre surtout une certitude — c'est l'incomparable beauté de ces mosaïques décoratives, de ces palmes, de ces volutes, de ces plaques et de ces bandeaux aux pierres multicolores, incrustés comme des émaux. Les Cosmati furent bien timides en comparaison des Normands. Je leur attribuais, à Rome, toute l'invention de cet art. Je la leur attribue encore, en raison même de leur timidité. S'ils avaient connu l'art sicilien ou l'art purement byzantin, ils auraient été plus hardis. Portez les ambons romains à leur dixième puissance, et vous aurez la chaire de Salerne, comparable à celle de la Palatine, à Palerme, plus riche même peut-être, plus libre en tout cas : l'arabe est, en Campanie, moins dominateur. Et je ne crois pas que l'on trouverait jamais, dans l'art arabe, des figures aussi simplement énergiques que celles de l'ange et de l'aigle, de chaque côté de l'arc, que celles des angles et que celles des chapiteaux. Le Nord signe sa contribution par ces détails. Entre les teintes des mosaïques « veloutées comme des tapis persans », selon l'heureuse expression de M. Emile Bertaux, ces figures ont une mâle et noble rudesse que l'Orient musulman ne connaît pas, et qui fut réservée à notre ciel moins alangui. Et quelle amusante invention que cette réunion de la chaire à l'ambon, par un pont, lui aussi « tapis persan » ! Les deux meubles forment, dès lors, un véritable monument, un et varié, éclatant et sobre à la fois. Dans l'église abominablement saccagée par le baroque, cette chaire orientale et l'atrium basilical nous donnent l'essentiel des rêves de Guiscard et de ses enfants, tard-venus, en sauvages presque, sur une terre saturée de beauté, et qui surent si heureusement assouplir leurs instincts.

Par une route défoncée, où la boue coule comme un fleuve dans la vallée abrupte de Vietri, j'ai monté vers Cava délicieusement cosmopolite. Ah ! qu'il est doux, après tant de misères, de se retrouver dans l'odieux hôtel pariso-berlino-londonien ! Cava offre ce lâche repos, où l'on se plonge avec une basse volupté. Station d'été pour les Napolitains,

Cava retient aussi, au printemps, les touristes étrangers, dans son site charmant de montagnes, qu'illustre l'abbaye bénédictine, rivale de Mont Cassin. Les Lombards la fondèrent, les Normands la comblèrent. Les annales des Rogers et des Guillaumes regorgent des dons faits à Cava. Saint Benoît, du haut du ciel, lui qui avait fui Subiaco pour cause de trop de prospérité, devait inquiéter le sommeil de ses fils. Mais Mont Cassin, plus glorieux encore, apaisait ces pudeurs. L'abbaye de Cava s'est modernisée, elle aussi, reconstruite entièrement au XVIIIe siècle ; elle n'est plus guère qu'un dépôt d'archives, aussi important que celui de Mont Cassin. Et Cava en a fait autant pour le délassement du voyageur ami de ses aises, déplorablement élevé à manger sans dégoût, et à s'ablutionner sans le secours du ciel. Il faudrait, d'ailleurs, aujourd'hui, trouver de l'eau hors des nuages. La pluie a cessé et on me promet pour demain le soleil nécessaire à la route que je vais suivre, le long de ce généreux golfe de Salerne dont seule la mer de Naples peut, dit-on, effacer l'éclat.

Le soleil est exact au rendez-vous. Lorsque j'ouvre ma fenêtre sur le cirque des monts, et sur le tennis, les bois fument librement des vapeurs aussitôt dispersées. Les chevaux m'appellent de toutes leurs sonnailles, et leurs sabots frappent un sol encore humide qui m'épargnera le supplice de la poussière, fléau du touriste. Nous partons le long de la rivière précipitée, entre les chaînes de montagne, vers Vietri, vers la mer de Salerne. C'est à Vietri que commence la radieuse corniche dont ne peuvent donner l'idée la côte provençale, ni la côte gênoise. Celle-ci reste partout charmante, celle-là, d'aspects restreints dans des lignes aimables, étale de longs rivages entre certains promontoires, d'où l'homme a depuis longtemps chassé toute beauté pour y étaler ses prétentions et ses commerces. Nulle part comme ici, il n'y a continuité de force et de grandeur. La route ourle la côte, séparant de son galon la soie bleue de la mer et le feston des rochers. Et la première impression est le déplacement total du point de vue. Le paysage n'est plus que marin, tout entier. La terre, en effet, n'est pas l'essentiel, ici, mais les flots. Ils deviennent brusquement sûrs et familiers. Le sentiment de l'inconnu, cette peur délicieuse qui vous vient toujours des choses que l'on ne connaît pas, c'est le roc, bien plus que les eaux sans fin, qui le donne. Un mur formidable, impossible à percer ; le seul regard ami vient du large où des vaisseaux se balancent. On est prisonnier, on est séparé du monde par ces rochers colossaux, ces masses gigantesques. Lorsqu'on les regarde, on sent l'angoisse vous gagner. Qu'y a-t-il derrière ? Des pays ! Inutile d'y songer. Leur accès est impossible. Seule la mer sourit, vous appelle, vous invite à l'évasion. Plus vite ! veut-on crier. Les cavalli avalent les côtes, et les tournants ne font que présenter de nouvelles murailles. De cap en pic, on va toujours, cherchant à droite une fente. Parfois le mur semble ouvert : une déchirure du rocher offre un issue et la route en profite aussitôt. Mais elle est obligée, bientôt, à un retour sur elle-même. On a passé un torrent, formé par une cascade que l'on renonce à escalader, tandis que, à gauche, l'azur sombre des eaux est infini ; l'œil s'y réfugie avec ivresse. Deux jours ainsi, deux jours à courir le long de ce mur avant de le franchir. Ah ! que la mer est belle, sans mystère, attirante et familière ! Là-bas, c'est la Sicile, c'est la France, c'est Naples aussi, c'est la liberté que l'on achèterait au prix de périls. Toujours le roc est là, sur lequel on a témérairement grimpé, que l'on a sauté de pointe en pointe, découragé de son renouvellement sans fin. On le franchit parfois à des hauteurs impressionnantes. Du haut de cent mètres on surplombe la fine ligne de sable sur laquelle bave la vague. Les pierres suspendues, entassées jusque dans le ciel, menacent, à chaque bond, d'un fracas.

Peu à peu cependant, à force de les voir pareilles et toujours renouvelées, on s'y résigne et on les regarde. Le chaos est chose terrifiante, mais c'est aussi chose magnifique. Vu de la mer, celui-ci doit s'unifier et ne paraître qu'imposant ; à le frôler, il est farouche, mais d'un farouche bientôt désarmé. Immobile, taillé par la main des hommes, se prêtant au contact, empressé à s'entr'ouvrir pour épancher ses eaux et pour abriter quelques villages, il perd insensiblement de sa rudesse et de sa violence. Les détails font oublier la masse. On finit par l'aimer pour lui-même, pour la majesté tranquille de ses reins de Titan, sur lesquels poussent toutes les racines amies des chèvres et des béliers. Déjà sa complaisance aux sources et aux villages a rassuré quelque peu. Voici bientôt que la culture qu'il protège lui compose un visage bienveillant. Dès Vietri, le spectacle, en effet, avait commencé, et si je ne l'avais pas vu, c'est que j'étais pris par la grandeur du dessin général. Et pourtant, à côté de la mer et du roc, si ce n'est avant, la beauté particulière de ce voyage le long du golfe de

Salerne est dans les jardins qui l'épousent. Ce n'est, en fait, qu'un verger. Un verger ininterrompu de citronniers qui, comme nous, se tournent vers la mer, ingrats enfants d'une pierre bourrue mais si clémente au fond. Étagés sur les flancs de la montagne découpée en paliers étroits, les arbres aux fruits d'or clair se serrent et se répandent. Ils dégringolent de partout, on ne voit qu'eux sur toutes les déclivités des caps et des minuscules vallées creusées par les torrents. La muraille, dans les anfractuosités, est encore plus abrupte ; mais elle est abritée, et c'est alors la terre promise elle-même. On dit que Frédéric II, lorsqu'il aborda en Palestine, s'écria : « Si le Dieu des Juifs avait connu la Campanie, il n'eût pas fait tant de tintamarre avec sa terre de promission ! » Pour nous qui n'avons pas vu, comme ce païen de Frédéric II, la Terre Promise, celle-ci nous la paraît vraiment par la richesse de ses fruits. Ce ne sont que feuillages au milieu desquels les beaux œufs des citrons scintillent. Une nappe tendre couvre le rocher, des clous dorés la fixent. Il est vraiment vêtu, tendu comme un trône où Phébus paresse. Ce jardin va ainsi de promontoire en promontoire, de vallée en vallée, et le torrent ysonne ses eaux vives. Jardin soigné, aussi, par ceux qui y cherchent non pas de l'ombrage, mais leur vie.

Son éclat est doux dans l'abondance. Appuyés à ce roc perpétuellement chauffé, et sous les rayons directs du soleil, les fruits, en effet, seraient brûlés ; alors on les abrite. Au-dessus des arbres, qui enlacent leurs rameaux confondus, des claies ont été disposées, sur lesquelles on étend des branchages. A leur ombre, les limons mûrissent lentement, se gonflant du jus bienfaisant, sans se dessécher. Et c'est une treille infinie qui se déroule ainsi le long de la mer, méfiante du roc ardent, ouverte à la brise. De loin, on aperçoit, obliquement, les citrons qui pointent. De près ce n'est plus qu'un toit vert, hermétiquement clos, sous lequel on rêve une promenade, à vingt ans, les mains jointes. Et des fruits téméraires apparaissent de temps en temps, nœuds jaunes sur le manteau vert, qu'ils attachent aux épaules des monts précipités.

Les heures passées à côtoyer ce jardin ininterrompu, parmi ces éboulements, dans ce contraste de la terre fermée et de la mer ouverte, laissent le souvenir étourdi. Les sensations se précipitent, cahotées comme la montagne, sereines comme les eaux et voluptueuses comme les vergers. On voudrait faire la part de chacune. Laissons à la nature l'imprécision de son immensité. Le seul refuge que nous ayons contre ses égarements, contre ses béatitudes où nous perdons la conscience de nous-mêmes, est dans l'industrie des hommes. Les clous d'or des citrons servent à nous rattacher aussi, et les villages, suspendus comme les arbres fertiles, nous aident à nous retrouver. De temps en temps, les maisons apparaissent dans une gorge, agrippées le long du roc calamiteux, autour du torrent qui les rafraîchit. Leurs toits rouges, leurs fenêtres vertes, et leurs murs blancs vibrent le drapeau de l'union italienne sur le fond des montagnes. Villages misérables, mais joyeux, si francs dans la lumière qui est bien la fête la plus belle de ce rivage fracassé.

La semaine dernière encore, sur les bords de l'Adriatique, je jouissais du ciel bleu, des villes se détachant sur la mer, et des roses d'avril croulant le long des murs que battent les flots. Le jeu du soleil sur les rivages plats des Pouilles, ont une finesse qui ne se voit point ici. Mais ils n'ont pas, en revanche, la vigueur de ces rives tyrrhéniennes. Souvent, là-bas, au bord des lagunes vénitiennes, comme des plaines affaissées du Tavoliere, de Bari et même du golfe ionien, des brumes tendres adoucissent l'éclat du jour. Ici, le rocher ne veut rien garder des rayons qu'il reçoit. Il renvoie tout, en les décuplant, des brasiers amassés depuis des siècles innombrables. L'air est sec au prodige. Rien ne s'interpose entre le soleil et les choses. C'est d'une crudité inplacable, où pas une pierre, pas une feuille ne triche. On voit au fond des eaux, par plusieurs mètres, les algues traînantes. On compte les stries de la montagne, les cytises et les branches d'ajonc. Chaque tuile des toits se distingue des autres; du plus loin qu'on les aperçoit, les hameaux forment un amas dont chaque unité se dénombre. Toute chose prend une valeur personnelle; lorsque la cascade pend au-dessus de nos têtes, il semble qu'on va en numéroter les gouttes. Et, ainsi, tout devient considérable, démesuré. Après la douceur du grand lac méditerranéen, après la résistance de la montagne murée, après l'aménité des jardins aux fruits d'or, c'est un autre charme qui agit, un charme différent de celui des monts par sa brutalité. Ceux-ci sont sournois; ils inquiètent: on voudrait toujours les franchir pour rejoindre les hommes dont ils nous séparent hargneusement. La crudité de la lumière vous rudoie, aussi; mais, au lieu de repousser, elle étreint. Répandue sur tout également, pénétrant jusque dans les plus secrets abris, dans les trous les plus noirs, elle a, cette lumière, des cruautés féroces. Elle n'épargne rien, fait tout jaillir. Tout flamboie, s'agrandit, devient colossal. Les plantes, le sable, la pierre et les hommes, tout s'aplatit, se plaque et ressort pourtant. On est mangé de clarté. Par les soirs d'été, la lune, quelquefois, a des éclats violents. C'est la même netteté poussée au centuple, la même blancheur surtout, sans ombres portées. On se sent littéralement noyé de lumière, d'une lumière qui vous soulève. On la sent jusque sous les pieds et qui vous soutient; on baigne dans une gloire aveuglante, où chaque chose baigne avec vous, tous ensemble volant, atomes dansant dans l'univers dont l'archet chaleureux du soleil rythme les bonds cadencés.

Le long d'une gorge plus profonde, qui découvre la masse des monts entassés derrière le mur de la côte, tout un monde fermé au riverain prisonnier, le long d'une gorge qui s'enfonce dans la montagne à la faveur d'un torrent, la route grimpe vers Ravello. Le détour est ardu. Je veux, du moins, rassembler, de là-haut, ces êtres qui se coudoient sans se pénétrer, essayer de tenir sous ma maince s diversités accolées et non mêlées. Ravello est perchée à quatre cents mètres, droite au-dessus de la mer comme un burg au-dessus du Rhin. Elle se drape dans les chênes et les châtaigniers, s'abritant elle-même sous des pics, dont elle semblerait, pourtant, et d'en bas, occuper le sommet. Lentement on l'aborde, par des circuits, longeant le torrent, des éboulis et des moulins. Le spectacle est sauvage, mais il est celui de toutes les gorges, et les yeux, encore pleins de lumière, ont quelque peine à se fixer sur de fraîches verdures. Par derrière, cependant, nous entrons dans Ravello, qui fut cité illustre et grande, et qui n'est plus qu'un belvédère. Ne soyons pas dédaigneux de ces simples monuments. La cathédrale, que le baroque, toujours, est venu salir, date des débuts des Normands; elle est contemporaine de Saint Nicolas de Bari. Ces hauteurs tyrrhéniennes étaient utiles à occuper. Les riches Salerne et Amalfi, non encore résignées, ne pouvaient lever les yeux pour implorer le ciel, sans rencontrer les tours de Guiscard. La Sicile, de plus, ne commençait-elle pas à s'ouvrir ? Guiscard avait quitté, pour le siège de Bari, celui de Palerme ; et Roger était en train de travailler, en Calabre, à la gloire de la famille. La baie d'Atrani, que Revello commande, était un poste d'observation de premier ordre, et, au besoin, une aide pour les flottes, au cas d'une défection des villes voisines. Anjou, plus tard, ne s'y trompa pas.

La gloire de Ravello, encore aujourd'hui, reste attachée au nom des « fermiers généraux » des Anjou, les Rufolo. C'est à ceux-ci que la cathédrale doit sa chaire, qui ne peut rivaliser avec celle de Salerne dont elle est une modeste copie, mais si curieuse pourtant par les lions emmanchés de colonnes, les lions lombards, que Niccola Pisano reprendra pour la chaire de Pise, et qui attestent ici la vitalité des descendants de Didier, si curieuse aussi par les deux médaillons de Rufolo et de sa femme, et par le buste placé au-dessus de ceux-ci, œuvres les plus expressives et les plus rares d'un siècle où l'art retournait à l'enfance et allait s'endormir, jusqu'à l'heure où Niccola Pisano le réveillera. A cette chaire pourtant, je préfère encore l'ambon, dont les dessins, quoique plus simples, m'ont paru d'une main plus ferme, d'un goût plus sûr. Et cet ambon possède le plus exquis décor qui soit, ses paons d'abord, et surtout les joyeuses baleines dévorant chacune un Jonas.

Car il y en a deux. La baleine de gauche attrappe Jonas par les jambes. Sa bouche, démesurément ouverte, ses yeux hagards, indiquent que, dans ce sens, l'homme — à tête de vieux Juif inouïe de vérité — ne passe pas. Mais, à droite, la baleine a saisi Jonas par l'autre bout, par les épaules. La bouche est modérément dilatée, les yeux ont des éclairs voluptueux et les pattes, redressées, frétillantes, proclament toute l'aisance du gosier. Jonas, cependant, coule sans gigoter, les pieds joints, visiblement curieux du voyage. L'aventure n'est plus que comique; merveilleuse est la couleur. Sur le blanc du marbre, entre les guirlandes de mosaïques d'or et d'émaux noirs et rouges, les baleines toutes vertes, d'un vert tendre, vert de mer, respirent, autour des rochers, sur le sable, une tendresse ineffable. Même si Jonas ne savait pas devoir revenir, l'habit de son monstre le rassurerait. Se vêtir ainsi est d'une âme candide. Et si la baleine est si joyeuse, à droite, c'est parce qu'elle peut enfin ingurgiter Jonas sans le détériorer.

Rufolo, lui aussi, se mit en travers du gosier de son prince, qui s'en sustentait pourtant. Il ne passa pas. Le roi renia Rufolo, et il confisqua la villa. Comme Vaux-le-Vicomte, cette maison était trop belle pour ce Fouquet. Les rois sont des débiteurs ou des créanciers périlleux. Lorsqu'ils doivent trop, ou lorsqu'on ne les « arrose » pas assez, ils sont tentés de supprimer le créancier qui emporte avec lui sa créance. Et si le banquier a l'imprudence d'être fastueux, il n'a plus d'excuse. Rufolo n'en eut aucune. Le palais de Ravello était, et est encore, une merveille de goût. Aucune subtilité n'est nécessaire pour y trouver l'influence sicilienne. Dans un jardin touffu, la maison élève une tour carrée, bien normande, au-dessus des bâtiments purement italiens, devant un patio — que l'on appellerait cloître s'il s'agissait d'un couvent — entièrement arabe. On ne trouve plus autour de Palerme, sauf la Siza, de ces maisons arabes que les rois normands y prodiguaient. La villa de Ravello peut, il me semble, en donner une idée approximative, par son assemblage. Elle conserve surtout cette merveille, le patio, qu'entourent deux étages de loggie ; en bas, des colonnettes doubles surmontées d'arcades en tiers point ; en haut, des colonnettes encore, doubles aussi, mais s'évasant en palmes grimpantes comme des jets de vigne, entrelaçant, tout le long du mur blanc, des guirlandes incrustées de pierres noires, plaquées de stucs noués. Autour d'un jardin profond, ces dentelles légères, ces sourires du marbre, ces jeux et ces légèretés du stuc ont toutes les grâces et toutes les voluptés de l'Orient. Rufolo ne fut pas un sage, puisqu'il voulut jouir de ses richesses. Il fut un homme de goût, un artiste, ce que n'étaient pas ses maîtres, les Angevins moroses, dont l'aventure, restée toujours étrangère à cette terre, demeure incompréhensible après la rapide assimilation, l'aisée adaptation, immédiate, des Normands.

Des jardins Rufolo on découvre la côte. Mais c'est dès jardins de la villa Cembrone qu'on la domine vraiment. Au bout d'une allée fleurie, encaissée entre deux murs bas tout garnis de socles hauts et de plantes souples qui font treille, une terrasse s'arrondit en plate-forme de phare. Le golfe de Salerne, de celle-ci à Amalfi, est à pic sous les pieds. Les murs se sont écroulés, je leur échappe enfin. Derrière eux sans doute, d'autres sont dressés. Mais ces montagnes dentelées, herbues, au dessin familier, aux aspects coutumiers forment une chaîne gracieuse, sans terreur. On ne distingue plus le roc ardent, mais seulement la verdure des plants étalés sur les claies. De promontoire en promontoire, la côte ainsi rassérénée s'en va vers Salerne, jusque vers la Calabre, au seuil de laquelle Paestum, dans sa plaine, aiguise ses frontons. Des anses, des criques ouvrent de temps en temps leurs hémicycles, incurvant la montagne qui, de ses caps, incurve les flots. La guirlande bien tressée, piquée de fruits dorés, capricieusement serpentine, fuit à l'infini, caressée par la mer qu'elle pare et qui la rajeunit de sa fraîcheur. Les villages ne font plus qu'une tache rose, gros bouquets fermant chaque anneau, nœuds de la tresse. Sous le soleil de midi, la mer scintille d'un bleu tendre de satin bien tendu. Nulle vague, un silence extrême. A peine, sur le sable des baies, la frange d'une timide écume. Voici l'un des spectacles les plus admirables de notre monde. Tout est réuni pour émerveiller : la lourde colère de la terre soulevant sa charge de rochers, la douce quiétude de la mer complaisante, les récoltes amoncelées, le soleil exalté fécondant tous ces seins qu'il embrasse. Et tous les caprices des choses se bousculant pour trouver leur place, pour se tailler leur part dans l'air élastique, pointes des montagnes où perchent les aigles fusant vers le ciel dont personne ne leur dispute une part, caps repoussant le flot docile, la vague subtile s'insinuant sous le sable, les fruits se hissant par-dessus les branchages, désordre merveilleux fondu par la nature, sous la lumière et la chaleur bienfaisantes de l'astre dans une harmonie totale. Ah ! qu'il est véritable le mythe de Phébus identifié avec Apollon ! Les chevaux du soleil, Eton, Phlégon, Eoüs et Pyroéis, vomissant la flamme, frappent de leurs sabots les cordes de la lyre. Il n'y a pas de contrastes, il n'y a pas de lutte. Apollon, de ses accents, réveille impartialement la nature entière ; il la féconde et la pince en même temps. Lasse sous ses baisers, elle soupire également, et ses soupirs vont se perdre dans les boucles d'Hypérion, d'où elles retombent en vibrant. Harmonie ! Sa source est ici même dans le baiser éternellement posé sur les mille lèvres de la terre par le soleil musagète.

Au pied de Ravello, au bord même du flot, la blanche Amalfi s'allonge le long d'une crique et s'étage sur les parois de la montagne. Serrée, pressée, calamiteuse, mais hardie et provocante, Amalfi lance ses ruelles à l'assaut et les précipite dans la mer. C'est un tohu-bohu de palais et de masures, plantés au bonheur des courtes esplanades, équilibrés sur des pointes, le rocher servant parfois de mur ou de fondation. Cette ville trapue, toute en muscles tendus, colle son corps luisant au roc effrité, s'y agrippe acharnée, dans un effort constant. Elle régnait autrefois sur la mer ; là seulement elle pouvait se répandre. Vraiment, la terre l'y renvoie. Dernièrement encore, elle l'y poussait dans un sursaut qui jetait sur la plage quelques-unes de ses maisons. S'y abîmera-t-elle un jour pour l'avoir trop aimée ? Ce serait une fin digne d'elle. Tranquille, elle attend cette dernière heure, sans répulsion comme sans désir. Elle vit de sa petite vie déchue, son port inutile auprès de Naples et de Salerne, ne pouvant rien posséder des chemins d'aujourd'hui, inaccessible, regardant passer les navires que ses eaux ne savent porter, n'espérant même plus les barques gênoises, pisanes et sarrasines qu'elle rejetait au large après les avoir pillées. Plus rien ne passe, plus rien ne s'arrête. Amalfi se regarde dans le miroir des vagues, et, tout le jour, elle ajuste sur sa vieille tête la parure de ses murs minés que couronne sa cathédrale, aigrette multicolore et scintillante.

Nulle, comme l'église d'Amalfi, ne peut montrer ce que les Normands gagnèrent à la conquête de la Sicile. Rappelons-nous les monuments des Pouilles, si timides, ceux de Salerne et de Ravello, un peu plus osés mais encore si retenus ! Amalfi ne connaît plus la crainte. Elle va même un peu loin, dans son besoin de se montrer libérée. Sur la terre de Sicile, les Normands disciplinèrent leur force ; ils ont donné à Cefalù, Monreale et Palerme leur formule achevée, et qui est mesurée. Ici ils se débrident, et ils bondissent trop haut. Cette église, en sa façade, est presque un coffret. Elle devient frêle, tant elle est ajourée.

Au haut de soixante marches, la loggia brille de marbres entre-croisés, lunés, losangés, colonnes en fuseaux, ogives pointées, fronton dentelé; et les étages de ses arcades, dont la dernière supporte une mosaïque que la lumière dévore. Puis, sur la gauche, le campanile coiffé d'une petite coupole dominant quatre demi-coupoles, aux angles; ces coupoles sont faites d'arcs entre-croisés comme les absides de Monreale et de Cefalù, ornées enfin de faïences et de briques vernissées. Comptons. Gothique, romane, byzantine et arabe, toutes les expressions de l'art moderne sont là, jusque même les colonnes de Paestum pour que l'antique y soit aussi. Le désordre est complet. Il est charmant d'éclat vif, de grâce, si heureux d'avoir enfin prouvé qu'il pouvait, lui aussi, être beau! Tout se chevauche, empiète et se confond. Mais rien ne se mange. Comme dans la nature, tout a trouvé sa place, s'est casé, sans rien brouiller jamais. Certes, en ce moment même où il bâtit Amalfi, le Normand vient de terminer en Sicile des œuvres plus délibérées. Il n'en élève aucune qui dise mieux que celle-ci l'ivresse de la conquête. Amalfi, si foncièrement grecque malgré les destins, donnait au Normand, sur la mer Tyrrhénienne, la maîtrise que lui avait donnée Bari sur l'Adriatique : elle ne lui donnait pas les cœurs. Il voulut les gagner en les émerveillant, en leur montrant qu'il avait conservé à la glorieuse Amalfi sa prééminence, puisqu'elle restait la plus riche et la plus joyeuse.

Aussi, sera-ce en vain, que je rechercherai ici l'art des Lombards. Sans doute le roman normand pouvait le rappeler. On évitera tout souvenir flagrant. Le cloître est arabo-byzantin. A l'intérieur, la cathédrale est une basilique latine, que le baroque, encore une fois, a défigurée. Conquérants passagers d'Amalfi, les Lombards sont reniés par les Grecs et méprisés par les Normands. Ils se maintinrent ici, pourtant, plus que tous autres. Et c'est à eux, lorsque je mets le pied dans leur Campanie, que va mon souvenir, ce soir, sous le cloître du couvent transformé en auberge, assis devant la mer éteinte, regardant mourir les derniers feux dans les profondeurs du rivage, sur les pointes encore roses des pics, tandis que les voiles des pêcheurs se replient en même temps que les ailes des mouettes pour le réconfortant sommeil.

*
* *

De tous les étrangers envahisseurs de l'Italie, les Lombards sont ceux qui se répandent le plus loin et durent le plus longtemps. Il a fallu deux autres invasions pour se débarrasser d'eux, celle des Francs et celle des Normands. La première, j'en ai vu les causes et les effets en Émilie, à Pavie. La Campanie permet d'étudier la seconde. C'est en vain que Bélisaire a bien travaillé. Les Lombards ont remplacé les Goths. Charlemagne, répondant à l'appel du pape, les a chassés du Nord. Mais il n'a pu les expulser du Midi. Il n'a pas osé se lancer si loin ni si à fond. De telle sorte que, au milieu du IXe siècle, les Lombards détiennent encore les quatre cinquièmes de l'Italie méridionale qui est partagée, à leur profit, en trois grands duchés, Capoue, Bénévent et Salerne. Qu'ils s'unissent, puisque Didier a dû céder la moitié septentrionale du royaume à Pépin, et l'Italie méridionale pourra se constituer en un seul État. Des obstacles s'y opposent. Les Grecs et les Sarrasins, d'abord ; bien qu'on eût pu faire servir ces menaces à l'union ; c'est ce qu'on fera, d'ailleurs, un jour, nous le verrons. Mais surtout l'ambition permanente de chaque duc.

Avant d'être sûrs de tenir, les ducs se mettent à courir. Ils se disputent le royaume futur, qu'ils devraient chercher à former d'abord. A manger du Grec, ils ont gagné de l'appétit; ils se mangent entre eux.

La mort d'Arichis, duc de Bénévent, a causé tout le mal. Représentant de son beau-frère Didier, il régnait véritablement sur toute l'Italie méridionale. De ses palais de Bénévent et de Salerne, il faisait trembler Grecs et Francs. Charlemagne voudrait lui arracher la vallée du Garigliano et Mont Cassin, pour le pape. Arichis se réclame effrontément de Byzance, et voilà Charlemagne réduit au silence. Toucher à Bénévent serait toucher à l'Empire grec. Arichis, d'autre part, ne craint pas beaucoup Byzance, pour cause d'impuissance. Il est donc bien le maître. Il nomme à tous les emplois, transmet son duché à ses enfants; il est roi, enfin. Il meurt en 787, et ne laisse qu'un fils en bas âge, Grimoald, sous la tutelle de sa mère Adelperga, qui s'enferme à Salerne. Pourra-t-elle contenir la turbulence de ses comtes, leur faire comprendre la nécessité du sacrifice personnel au bien général? Elle s'y efforce, ne réussit pas, et, sentant Byzance impuissante, elle prend le parti de réclamer la protection des Francs. Le coup est habile:

lorsque les Francs seront souverains, ils ne se dépouilleront pas en faveur du pape. Il réussit en effet ; après un court vasselage Grimoald dédaigne les Francs ; ses monnaies et ses diplômes ne les mentionnent même plus. Le trône ébranlé est raffermi. Il se consoliderait, sans l'ambition des comtes. L'aristocratie lombarde se demande chaque jour pourquoi Grimoald est leur maître. Notre France aussi faillit succomber sous les coups des seigneurs ligués contre le roi. En Italie lombarde, les nobles réussissent leur coup. Bénévent est prise par eux. Lequel sera duc ? Les voilà bien avancés ! A la mort de Grimoald, la lutte devient furieuse. Un certain Sicard l'emporte. Après lui, son trésorier, Adelchis, se proclame. Salerne, trop négligée dans ces partages, n'est pas satisfaite. Et ses nobles courent à Tarente délivrer un frère de Sicard, Sikenolf, qu'ils proclament duc de Salerne. Le royaume est divisée en deux désormais ; le troisième morceau sera détaché tout à l'heure.

Les deux ducs, celui de Bénévent et celui de Salerne, se méfient naturellement l'un de l'autre. Pour se protéger, ils ne trouvent rien de mieux que d'engager des Sarrasins, qui viennent de s'installer en Sicile. C'est le Bénéventais qui commence ; quel bon tour est joué là au confrère de Salerne, dont les rivages sont si tentants ! Sikenolf imite aussitôt le Bénéventais, avec d'autant plus d'empressement que Amalfi, qui avait été soumise par Sicard, a profité de la lutte pour se rendre de nouveau indépendante, et pour s'allier avec Naples et Gaëte : union des Grecs contre les Lombards et, surtout, contre les Sarrasins. Radelchis et Sikenolf n'ont pas tardé à voir quelle imprudence ils avaient commise en appelant les Sarrasins, qui envahissent l'Italie. Ils se réconcilient, le temps de partager. Salerne, par le traité de 849, s'adjuge toute la partie méditerranéenne et ionienne du royaume lombard. Bénévent a les Pouilles. Salerne est la mieux pourvue. Elle n'est pas, pour cela, la plus sage. Il semble que, nantie, elle ne coure plus aucun danger. Et tout son effort tend à combler de prévenances le soudan de Bari, auquel Radelchis de Bénévent, rivalisant de zèle, paie aussitôt tribut.

Le comte de Capoue, Landolf, est-il révolté de cette attitude ? On voudrait l'admettre, plutôt que d'incriminer son désir d'imiter ses confrères. Ce dernier sentiment, il faut bien le croire, le poussa surtout à proclamer son indépendance, puisque, à sa mort, son seul soin est de recommander à ses enfants de ne jamais souffrir que Salerne et Bénévent se réconcilient. Fidèles à ce conseil, Landon et ses frères provoquent un changement de dynastie à Salerne, et proclament prince un certain Guaifer, tandis que Amalfi, qui a choisi, comme gouverneur, par crainte de Salerne voisine, un parent de Landon, fait cause commune avec Capoue, et que Naples s'allie avec Salerne, où Guaifer, bien entendu, ne se montre nullement reconnaissant envers Landon. Et les Sarrasins? L'empereur Louis II est seul à y penser. Il emporte Bari, ce qui le rend maître de l'Apulie. On sait ce que ce mot de « maître » signifie : pillage, exaction, tyrannie, brigandage, tous les maux. Les Lombards se soulèvent, et Louis II est fait prisonnier. Ils le relâchent pourtant, les Sarrasins étant revenus plus menaçants encore : une armée sarrasine campe sous les murs de Salerne, et, de là, se répand sur toute la Campanie, qu'elle ravage. Louis II reparu, les Arabes disparaissent. Mais Louis est désormais tout-puissant. Les Lombards, alors, de se tourner tous ensemble vers Byzance, pour qu'elle les protège contre les Francs. Il y a danger, on est d'accord. Louis II meurt; le danger cesse, et les ducs reprennent leurs disputes. Ils rappellent les Sarrasins; les héritiers de Capoue se chamaillent entre eux; le pape est supplié d'intervenir; Byzance aussi. C'est une cacaphonie déchirante, et c'est le royaume qui est déchiré.

Salerne, cependant, est relativement sage. Oh! non pas par tempérament, mais par crainte. Guaifer, dégoûté, s'est retiré à Mont Cassin, et c'est son fils Guaimar, qui, en 880, est prince. Guaimar craint justement les Sarrasins; la situation de Salerne la rend plus exposée que toute autre ville. Les Byzantins sont invités à protéger Salerne. Ils y envoient des soldats, et Guaimar court se prosterner aux pieds du Basileus, qui le nomme patrice. Pendant ce temps, Capoue et Bénévent continuent à s'entre-dévorer. Et si Capoue prend Bari aux Grecs, aussitôt Bénévent de courir au secours des Grecs et de chasser les Lombards de Bari! Le châtiment ne tarde pas. Byzance, rentrée en Italie, s'empare de Bénévent, où le stratège s'installe et, de là, menace Capoue et Salerne. Il s'enfuit bientôt, d'ailleurs, ayant agi à Bénévent comme avaient agi les Francs en Apulie, avec insolence et cruauté. Son départ ne rend pas le duc de Bénévent, Radelchis, plus puissant. Le comte de Capoue s'empare de Bénévent et la garde définitivement. Puis, par un effort méritoire, il se hausse à oublier les querelles intestines. Il tend la main à Salerne, aux Francs, aux Grecs, au pape, et, en 915, la victoire du Garigliano chasse les Sarrasins d'Italie.

La victoire du Garigliano chasse les Sarrasins d'Italie, mais elle y ramène les Grecs. Il va falloir recommencer ; car c'est pitié de voir la nécessité qui commande aux Lombards de se rendre indépendants, et la fatalité qui les pousse à se jeter dans les bras d'un maître. Le royaume lombard est devenu le thème de Longobardie, sous l'autorité du stratège de Bénévent. Six ans après la bataille du Garigliano, le prince de Capoue se révolte ; il échoue. En 929, il recommence, aidé cette fois de Guaimar, son neveu, prince de Salerne. Ils échouent encore, recommencent toujours et réussissent enfin. Une aide, d'ailleurs, leur est venue, en la personne d'Otton, dont la descente en Italie leur permet, d'une part, de mépriser Byzance, et de se poser, d'autre part, en défenseurs de l'indépendance italienne contre l'empereur. Par Mont Cassin et l'abbaye du Vulturne, Paldolf de Capoue est presque l'arbitre des querelles. Il a bien été fait prisonnier par Otton, mais Otton n'a-t-il pas été obligé de le relâcher ? Il se croit capable de tout, il se croit surtout capable de prendre Salerne. Justement, le prince de Salerne, Gisulf, est en butte aux ambitions de ses comtes. Paldolf, dit « Tête de Fer », vole au secours de Gisulf, le rétablit sur son trône, on devine à quelles conditions, dont la principale est de reconnaître le fils de Paldolf pour successeur. En 977, ce fils succède à Gisulf. Mais en 981, Tête de Fer meurt, et les Salernitains appellent le duc d'Amalfi pour chasser le fils de Paldolf. A Bénévent, un autre fils de Paldolf règne aussi. Il est chassé à son tour, et voilà les trois duchés reformés. Quoi donc les maintient ainsi, ces principautés, malgré leurs déchirements ? La présence de l'étranger, uniquement. La rivalité de Byzance et de l'empire germanique, auxquels les Lombards passent alternativement selon les besoins de l'heure, les rend utiles au jeu politique. Lorsque les Normands arriveront et presseront les Grecs, les Lombards, manquant d'appui, s'écrouleront. Leur existence n'est plus que factice, et le mariage de Robert Guiscard avec la sœur du prince de Salerne annoncera leur ruine définitive.

Au moment de l'arrivée des Normands, pourtant, la puissance de Salerne est considérable ; celle d'Amalfi, plus ou moins confondue avec Salerne, ne lui cède en rien. Elles sont toutes deux les grands ports de la Campanie, qui mettent la côte tyrrhénienne en relation avec l'Orient. A Salerne, luxe et richesse de fleurir. Les annales nous ont conservé la description du vêtement de la femme de Gisulf, qui s'habillait de pourpre brodée d'or et de pierreries. La cour était à l'image de celle de Byzance. Guaimar a toujours des coffres assez remplis pour acheter l'Empereur, Byzance et les Normands, qui commencèrent leur aventure par servir sous ses ordres, en attendant qu'ils le remplacent. Quant à Amalfi, elle est la plus prospère, commercialement, de toute la Méditerranée. Elle a des comptoirs jusqu'en Égypte, en Espagne, en Syrie. Les Vénitiens la jalousent, Pise et Gênes la ruinent. « Aucune, dit Guillaume l'Apulien, n'est plus riche en or, en argent, en étoffes de toute sorte : elle est habitée par de nombreux marins aussi experts dans la connaissance du ciel que dans celle de la mer. On y apporte des marchandises d'Alexandrie et d'Antioche ; on y connaît les Arabes et les Indiens, les gens de Sicile et d'Afrique ; les Amalfitains sont réputés dans le monde entier comme vendeurs et comme acheteurs ».

Faut-il conclure de là, comme l'a fait

M. Jules Gay, dans son remarquable ouvrage : *L'Italie méridionale et l'empire byzantin*, à une nouvelle conquête latine de l'Orient? Il me paraît bien tôt, dans l'histoire de la civilisation, pour passer l'empire du monde aux marchands. Vouloir comparer Amalfi à Rome, maîtresse elle aussi de l'Orient, c'est négliger tous les autres facteurs dont, en ces temps de violence, dépendent les empires. Et pouvoir, sur la corniche d'Amalfi, devant ce petit port à peine arrondi, devant cette rade minuscule et cette ville qui semble importune à la terre, pouvoir songer à Venise et à Gênes, quelle gloire pour elle déjà! Salerne, plus modeste pourtant, ne fut pas plus heureuse. Et toutes deux durent s'humilier en même temps.

Ce que l'on peut affirmer, en tous cas, c'est la folie des Lombards qui ne surent rien prévoir, et se perdirent par leurs propres fautes. Leurs dissensions suscitèrent toutes les convoitises, et légitimèrent toutes les interventions. Si l'on pouvait leur trouver une excuse, ce serait dans la recherche éperdue de l'unité. Au fil du court récit que je viens de tracer, en effet, une seule pensée un peu continue apparaît, la volonté de former un royaume. Prenons garde que cela est la grande originalité de l'Italie méridionale. A l'heure où toute l'Italie du centre et du Nord cherche l'indépendance municipale, l'Italie méridionale aspire au contraire à l'unité. Il semble qu'il n'y ait pas d'existence possible pour elle dans le morcellement, tandis que, partout ailleurs, on est d'accord pour s'affranchir de tout lien. Cela est très frappant. Et lorsque les économistes modernes, comme M. Fortunato, partent de cette constatation pour proclamer que l'unité est nécessaire à l'Italie méridionale, il faut leur donner raison. Nous avons vu, dans les Pouilles, les motifs de cette nécessité. Ne soyons donc pas trop sévères aux Lombards. Ils ont été perdus parce que leurs chefs ne comprirent pas la loi de pauvreté foncière qui s'opposait au développement particulariste, et imposait au contraire l'unité. Mais si leurs princes ne savaient pas, eux sentaient. C'est l'âme populaire qui oblige les princes de Capoue et de Salerne à faire trêve, et à s'unir de temps en temps. L'ambition des familles est seule à s'opposer à la réunion. Si les princes avaient été sages, on n'eût pas vu l'Espagnol régner sur l'Italie méridionale jusqu'à nos jours. Byzance s'en fût d'elle-même éliminée ; les Normands n'eussent pas eu de prise sur elle. Les Lombards ont, par là, une histoire originale, différente de celle de toute l'Italie, et leur domination prolongée ne peut s'expliquer qu'ainsi, parce qu'ils répondaient au besoin naturel du pays où ils s'étaient implantés. Ils furent les seuls à comprendre vraiment les nécessités que le sol impose. Les Normands aussi, cependant, qui leur succédèrent. Et le moins frappant n'est pas de voir l'indépendance par l'unité cesser, le jour où Frédéric II rêvera le monstre à deux têtes de l'empire germano-sicilien. Seul, Manfred vit juste : il travailla, l'infortuné, pour le sinistre Anjou. C'est à Bénévent que les os de Manfred furent dispersés ; l'idéal, pour lequel il mourut, d'une Italie unifiée, la baleine de Ravello le garda longtemps dans son sein. Comme Jonas, sans surprise et sans trouble, c'est de la mer de Salerne que, voici quarante ans, il jaillit enfin.

IX

TARENTELLE

Sorrente, Capri.

Il faut maintenant gagner Sorrente, en cherchant encore, le long de la côte, trois heures durant, la fissure par laquelle nous passerons du midi au nord, du golfe de Salerne dans celui de Naples. Le mur s'ouvrira. S'il ne s'ouvre pas, nous le sauterons. Mais assez de prison, si charmante soit-elle ! Ce n'est pas un caprice si les légendes, interprétées par Homère ou l'interprétant, ont peuplé cette côte de Sirènes. Toutes les grottes marines en abritaient. On leur donna même une île, aujourd'hui appelée Li Galli, sans doute pour la revanche des mâles... Mais les compagnons d'Ulysse, et tant d'autres hommes éperdus, furent-ils, réellement, une fois débarqués, retenus sur ces bords rien que par des charmes magiques? Ils ne se résignèrent pas, beaucoup plus simplement, à quitter le golfe généreux, à moins que, bien plus que nous ne le sommes, ils ne fussent, leurs barques chavirées, dans l'impossibilité de franchir la montagne. Et ceux qui parvenaient à tourner le cap Minerve ont-il rencontré Parthénope, subtile entre deux eaux, parcourant son domaine, le golfe harmonieux? Ils fondèrent Neapolis. La belle sirène, c'est l'enchantement de la nature, qui invite à méconnaître tout notre passé pour la volupté de vivre désormais parmi les roses éternelles, dont Paestum prolonge jusqu'ici les guirlandes.

J'ai donc repris la route serpentante, franchissant des torrents, perçant des rochers en tunnel, et grimpant peu à peu vers les sommets, tandis que les villages s'abaissent insensiblement au-dessous de nous. Nous montons, afin de traverser les hauts plateaux, en attendant que nous puissions user des ailes qu'on nous promet. Nous ne planons pas moins. Sur la côte qui fuit, sur la mer, dont le soleil arrache, pour en contempler le sein, le dernier voile de brume matinale, nous jetons des regards rassérénés. De nos hauteurs, en effet, nous ne voyons plus que la ligne majestueuse, hachée de caps, rompue de vallées torrentueuses. C'est une succession d'arêtes, d'épines dorsales rugueuses, comme de bêtes couchées, un troupeau qui se repose. Quelques-unes peut-être, des vaches de Géryon, que Hercule abandonna lorsqu'il passa par ici, après avoir fondé Herculanum, et se dirigeant vers la Sicile, où il devait installer, sur l'Eryx, l'un des plus célèbres établissements vénériens du monde légendaire? Quelle concurrence aux Sirènes! Et ces caps, à forme de bêtes, si formidables hier, sont tout modestes aujourd'hui. Bas, étalés, ils plongent dans la mer; la route laissée derrière nous, d'où nous avions hier de vertigineux aspects, ne semble plus que la digue des plages. Amalfi se tasse, réduite au creux de la main, petite tache luisante, d'un blanc éclatant, comme si, chaque matin, on la badigeonnait de chaux. Bientôt, elle disparaît. D'autres villages s'effacent derrière les nouveaux promontoires, s'enfonçent dans les torrents, Bojano, Positano, et je m'aperçois alors du caractère nouveau de ce paysage fuyant.

Non pas qu'il change grâce à ma posture altière. La ligne générale reste bien. Ce qui diffère, c'est l'aspect particulier, personnel, réduit à l'instant où nous les frôlons, des choses en elles-mêmes. De Salerne à Amalfi, cette côte n'est guère qu'un jardin. D'Amalfi au cap Minerve, elle n'est plus qu'une pierre. Rien ne pousse sur ces blocs. Les hommes ont renoncé à féconder. Il n'y a plus place pour les récoltes. La nature triomphe solitaire. Une fois Positano franchi, surtout, le roc n'a plus aucun sourire. Il est nu. On peut en compter les os. Tailladé, couturé, fait des mille couches de calcaire superposé en ordre rompu, il offre aux regards un squelette sans chair, que la vie a abandonné. Ce n'est plus qu'entassement de cailloux cyclopéens, dont les Galli se sont détachés pour s'abreuver un peu. La sécheresse est, sur ces hauteurs, totale et parfaite. Il faudra atteindre les dernières pentes, le haut plateau dominant les deux golfes, pour revoir la verdure, verdure des chênes amis du vent. Pour l'instant, c'est la falaise toute pure, précipitée vers la mer ou la fuyant, les rochers grimpant les uns sur les autres, pour se sauver plus vite, à moins qu'ils ne se hâtent de rejoindre les petits Galli. Mais quoi donc ? N'est-ce plus le plantureux golfe de Salerne que nous festonnons ? Si divers, il reste pourtant égal à sa gloire. Et je me rends bien compte, ici, une fois de plus, que la beauté est dans la ligne foncière, et non dans les détails, encore moins dans la parure. Quel enseignement ! Ces caps pelés sont exactement construits comme leurs frères à l'abondante chevelure. Leur dessin est le même, découpant toujours d'une même dentelle la mer docile. Cela court en rivage strié, que ce soit habillé ou dévêtu. Les hommes ont pu accumuler, là-bas, leurs ingéniosités diverses. Ils n'ont pu supprimer la construction même du paysage. Et celle-ci est la première chose qui importe. Par quoi donc Naples est-elle si belle, si ce n'est par l'architecture même de ses montagnes et de son rivage? Des lignes! Les Grecs l'avaient bien compris, et leurs temples restent sublimes pour n'avoir eu souci que d'elles. La côte de Positano s'est gardée intacte, dans le même sentiment. Sans richesse, elle est aussi glorieuse que celle d'Amalfi, dont les hommes industrieux n'ont pu amoindrir la noblesse. La forme première est restée, et Cendrillon ne le cède pas à sa sœur, qui la vaut.

Nous montons décidément, pour sauter le mur, enfin. En quelques lacets, qui peu à peu se bordent de chênes verts, la route, renonçant à virevolter indéfiniment, franchit la montagne, puisque les hommes ne l'utilisent plus. La crête est bientôt passée. Les chevaux, qui semblaient depuis deux jours avoir désappris le trot, nous entraînent vers l'autre golfe dont l'orgueil serait, et légitimement, sans second, si le Vésuve n'était pas là pour lui rappeler que les choses, comme les hommes, ne sont que poussière. Castellamare nous fait oublier Stabies ; par-dessus la mer, les hauteurs de Capodimonte recueillent notre désir napolitain, tandis que sur la gauche, Capri sort des eaux bleues, bleue elle-même dans le ciel bleu ; et, sous nos pieds, c'est Sorrente au nom fleuri de rêve, symbole de tout ce qui rend la vie précieuse, air léger, parfums des fleurs, ombre des bosquets, fraîcheur des grèves, bercement des vagues, saveur des fruits et délire de l'amour : d'une humanité voluptueuse et lâche, le Vésuve est le bienfaiteur.

Comment dire la tiédeur de Sorrente ? montagnes à l'Orient, à l'Occident et au Midi, un large plateau, une plate-forme plutôt, se prélasse au Nord, dominant la mer du haut d'une falaise, à pic. Ainsi protégée de toutes parts, cette plate-forme n'est qu'un grand parc où poussent tous les arbres et toutes les essences. Le jardin étagé du golfe de Salerne, il est ici aplani, étalé, pressé, touffu, craquant de fruits, submergé de roses, de lilas, de glycines croulantes. Au-dessus des monts, des orangers ondulent, des palmiers éventent. Ce ne sont que grenadiers, mûriers, tamarins, myrtes, iris, glaïeuls, lis, amandiers, figuiers, pêchers, tout ce que la nature produit d'éclatant, de tendre et de savoureux. Et là-bas, tout au bout de la plaine abondante, tapis au pied de la montagne, la petite ville et son port, un port pour barques, par crainte sans doute de perdre la douceur au brutal contact des gros navires, ville sans autre caractère que de bain de mer. Tout ici est pour le repos et la facilité de vivre. Ne cherchez pas, pourtant, à démêler cela au cours de quelque promenade cursive. Sorrente n'offre rien au passant hâtif. Pour celui-ci, elle n'a que des murs, par-dessus lesquels des senteurs enivrantes viennent vous chatouiller, et des ombrages rafraîchissants vous tenter. Si l'on veut jouir de Sorrente, il faut entrer, c'est-à-dire devenir l'hôte d'un jour, au moins, d'une des villas dont le touriste pressé ne peut voir que les enceintes revêches. Tout le bord de mer, en effet, toute la falaise, serait-il mieux de dire, est occupée par les hôtels ou par les maisons de campagne de quelques Napolitains. Si vous ne logez pas ici, vous ne connaîtrez par la douceur de Sorrente. Mais qui donc, après l'avoir pressentie, ne voudrait s'y abandonner pour toujours?

Sur la terrasse de l'hôtel où je suis descendu, j'ai passé la journée entière au milieu des parterres, et la mer à mes pieds. Les corbeilles m'enivraient, et la mer chantait. Lorsque je levais les yeux, en face de moi Naples dessinait le prestige de son golfe au milieu duquel pointait le Pizzofalcone, dont le château de l'Œuf tronque l'arête. A gauche, le Pausilippe et Misène cachant Baia. A droite, le Vésuve. Puis les îles, Nisida, Procida, Ischia et enfin Capri. Et là-bas, Cumes, Gaëte, les bouches du Liris. Quelles fleurs aussi, celles-là ! Comme les autres mes sens, de quels parfums elles remplissent mes souvenirs ! Peut-on entendre sonner ces syllabes sans être ému dans tout ce qui donne du prix à la vie, je veux dire notre culture, notre passion pour la beauté et toutes les richesses de l'esprit, cette Rome et cette Grèce que Naples résume si bien, et qui nourrissent, depuis tant de générations, le sang de nos veines ? Si cependant, d'esprit réaliste et jalousement contemporain, on se refuse à ces plaisirs d'imagination, Sorrente et son paysage ne diminueront pas devant les yeux. Je parlais tout à l'heure, sur le point de quitter le golfe de Salerne, je parlais de la maîtrise des lignes. A regarder le golfe de Naples, on en prend une conscience totale. Un regard jeté du haut des terrasses de Sorrente, suffit pour vous enseigner à jamais les plus irréfrégables lois.

Au centre même du golfe, face au large, le Vésuve, d'abord, d'une nudité magnifique, d'une majesté dont nulle image ne peut donner l'idée. Depuis la pointe, aujourd'hui un peu découronnée, de son cône, jusqu'à la mer, il laisse tomber doucement ses pentes grises, lisses, dans une courbe où l'on voudrait, comme sur les reins cambrés d'une statue couchée, passer la main. Il s'épand, large manteau de cour traînant sur le sol qui le soutient et l'empêche de se briser en cassures disgracieuses. Les taches blanches de Torre del Greco, de Portici, de Resina, de Castellamare, le bordent, et Naples semble le page qui relève le bout de la queue. Adossée à sa colline de Saint Elme, la ville cherche le soleil qui l'inonde généreusement, s'étirant tout au long du rivage, tant qu'elle peut, brillante, pailletée, aveuglante. Puis, à gauche, les monts Phlégréens, que Misène projette jusque dans les flots; à droite, les riches montagnes, d'où je viens de descendre, et dont Sorrente concentre les bienfaits. Alors, devant Misène et devant la pointe de Sorrente, pour achever le tableau ainsi distribué, si également, autour du golfe, le tableau du Vésuve balancé de villes et de caps jumeaux, alors deux autres sœurs se sont posées, deux îles, les îles d'or d'Ischia et de

Capri, commandant la rade comme deux citadelles. Pourrais-je jamais, en ces froides descriptions, faire sentir l'ordonnance, l'architecture de ces lignes-là ? Il n'y a pas une faute, pas un trou. C'est en vain que l'on cherche la petite maladresse fatale de l'artiste qui conçut et accomplit. Tout est en proportion comme en pureté. Naples peut-être un peu forte, un peu appuyée ? Mais regardez se dresser son pendant, le fantôme grandiose de Pompei ! Et le joli Misène, si nerveux, balançant Sorrente et les monts collés à elle ! Dans le lointain, enfin, les Apennins, que Caserta-Vecchia couronne, forment le fond longuement ondulé qui convient au tableau achevé, où pas un détail ne heurte, sans tare aucune. Naples fut grecque, et céda la dernière aux invasions ; qui donc s'en étonnerait ? La beauté parfaite conçue aux rives d'Achaïe, existait ici avant que les prodigieux enfants de Cadmus l'eussent réalisée. Ils ne firent que la retrouver, et lorsque les Romains eurent découvert la Grèce, ils ne purent vivre qu'ici, au bord de ce golfe dont la structure réalisait sous leurs yeux la leçon qu'ils étaient allés chercher.

A ces lignes, enfin, à ces lignes si simples et si pures, ajoutez la lumière. Baignez-les dans les ombres du soir, regardez le

Vésuve, tout à l'heure frémissant d'une teinte azurée, maintenant mauve à sa base, puis sombre, mais encore tout vibrant au sommet. Peu à peu la nuit monte, par plans successifs, et c'est un voile tout rose qui s'élève lentement, pour, bientôt, ne plus envelopper que la pointe et se perdre dans le panache déroulé. Regardez Naples apparaître, disparaître au caprice d'un nuage, passer tour à tour du blanc rosé au violet tendre ; le Pausilippe et Misène danser dans des poussières d'or ; Ischia et Capri ne plus montrer qu'une masse noire, grands vaisseaux ayant jeté l'ancre. Et toutes les fleurs de Sorrente redoublent leurs parfums, tandis que le vent agite les palmes. L'air est tiède, tiède à se pâmer. De la terrasse, j'entends, sous mes pieds, la mer me jaser des confidences. Quelque chanson de quelque Masaniello se perd dans la nuit et vibre dans les rochers. Sorrente est privilégiée entre toutes, qui, chaque jour et chaque nuit, savoure une magnificence à laquelle, coquette, elle participe, Sorrente, non pas le plus beau « morceau » du chef-d'œuvre, mais celui qui fut travaillé peut-être avec le plus de tendresse, comme le plus rempli de volupté et le plus embaumé.

*
* *

Ce matin, dès la première heure, je suis retourné sur la terrasse, inlassé du classique spectacle. Et j'ai guetté le bateau blanc qui, parti de Naples, doit nous prendre à Sorrente pour nous conduire à Capri. Lentement il glissait sur la mer, droit vers nous, voiles ailées. Le voici maintenant, nous ayant embarqués, qui file vers l'île fameuse où Tibère aujourd'hui doit céder à Krupp en curiosité, si, d'autre part, Krupp ne cède rien à Tibère. Le bateau se dandine comme un bellâtre en promenade. Je sais bien qu'il va vers Capri. Mais il ne nous mène pas avec lui, du moins vers cette Capri-là ; les femmes y sont restées si belles !

Capri, dans son aspect général, se présente comme une énorme cloche sous laquelle mille plongeurs travailleraient. A quoi ? Et ce que je voudrais, c'est qu'ils surprissent enfin le mystère des eaux bleues de Capri, dont le reflet, resté inoubliablement dans les yeux, rend l'île entière, dans les souvenirs, pleine de grâce, de charme et de béatitude. C'est la ceinture même, le ceste de Vénus, qui entoure Capri. Les touristes se sont, depuis quatre-vingts ans qu'elle fut découverte, émerveillés justement de la Grotte d'Azur où le gros navire nous mène en ce moment. Plus surprenante qu'elle me paraît, cependant, au plein soleil, la transparence bleue des eaux autour de Capri. La mer, surtout aux rives méditerranéennes, est souvent de cette couleur. Mais elle l'est à l'horizon, vue de la côte, lorsqu'elle s'étale devant les yeux. Dès qu'on regarde au-dessous de soi, elle reprend son émeraude foncière. Ici, au contraire, c'est en profondeur qu'elle est bleue. Le bateau, si l'on se penche par-dessus le bastingage, ne navigue plus, il vole dans les airs. Le ciel renversé nous porte, nous fendons des nuages lorsque nous bousculons l'écume. Je regarde les fonds à travers l'eau si claire. Ils sont roux, rochers couverts d'algues, quelquefois sableux, et la mer garde sa teinte céleste. D'où vient-elle? Mais, sans le chercher davantage, je suis tout au ravissement de cette couleur ineffable. Bleue sans doute, et franchement, mais d'un bleu tout moiré, avec des reflets d'argent clair qui s'affinent à l'extrême. Les balancements réguliers du flot et les remous contraires que le bateau produit, n'y changent rien. L'eau reste tendre, transparente, purifiée semble-t-il. Elle a perdu, à se clarifier, tout son poids. Ce n'est plus l'eau de la mer, si lourde d'ordinaire, majestueuse et dense. Celle-ci est légère, comme une eau de ruisseau. Un rien la secoue, la balance et la soulève. Le temps est calme. Et pourtant les vagues respirent fortement. Le moindre vent qui ride le lac perdu au fond des montagnes, passe à peine sur cette eau sensible qu'il suffit à agiter. Elle est fine au possible, déjà vapeur presque, et frétillante, prête à s'envoler en poussière. Nous longeons l'île pour arriver à la Grotte, le clapotis augmente, d'une gaîeté extrême, jasant, riant, et c'est toujours un tapis de pervenches que nous foulons.

Nous stoppons. Des barques, la véritable coque de noix, se pressent au pied de l'échelle. Elles dansent comme de petites folles, prises de la gaieté des flots bleus qui les portent. Déhanchées, elles sont une troupe ballante, venue nous offrir la tarentelle. Et nous voilà partis à sauter ainsi, du navire à la grotte, joyeux comme notre barque, amusés de ce pas nouveau, si cocasse qu'aucun des quadrilles ne songe à en souffrir : l'argent bleuté des profondeurs, si gai, tient les cœurs en joie, bien accrochés. Vers le roc abrupt, tout droit, sans fente aucune, le rameur se dirige franchement. Aurions-nous un éperon de papier durci qui va crever un rocher de carton ? Entre deux remous pourtant, une ouverture apparaît, cintrée à fleur d'eau, que chaque vague emplit et cache. C'est par là qu'on pénètre! Comment? Entre deux vagues. Il faut saisir le joint, et l'attente pourrait être angoissante. Mais non, il y a trop de bleu pour que ce soit méchant. Ah! que le rouge est tragique, de la dame qui, là-bas, devant moi, s'assied au fond de sa coque pour que sa tête ne cogne pas à la voûte! Le bleu n'est pas tragique, il est comique, et c'est en riant que nous nous affaissons, au petit bonheur d'un bain de siège. Le batelier saisit une corde; une vague nous soulève — fracas? Hop! elle a passé. Et, avant que la suivante ne nous heurte, nous disparaissons.

Qui n'en a vu l'image peinte? Une ample caverne, où des hommes minuscules sont baignés d'azur, agitent des bras d'azur, se promènent sur de larges bords d'azur, dédaigneux de leur barque d'azur et du Palinure non moins d'azur, qui laisse reposer ses rames d'azur. Ce serait écœurant. La nature sait toujours s'arrêter là où, à force d'être gracieux, on devient fade. La grotte est petite, suffisante pour l'amusement du spectacle. Elle est basse, et elle est sombre dans ses voûtes à peine teintées de quelque reflet. Au bord de gauche, un petit terre-plein permet de mettre pied à terre, juste assez large pour dix personnes. Une douzaine de coques de noix suffiraient à remplir la cavité. Et pourtant la merveille est unique. Le phénomène des eaux de Capri, en effet, se répète dans ce trou noir, avec une intensité et une fraîcheur insoupçonnables. Comment peindre la couleur de cette eau dans ce sombre caveau ? Si les eaux de Capri sont bleues, de quel mot se servir pour suggérer l'aspect de celles-ci ? Bleu aussi, mais quelle insuffisance ! Le bleu argenté du ceste de Vénus, le voici toujours, mais encore clarifié, comme traversé de fumées blanches. Il semble que de fins jets de lait y soient lancés qui se diluent à l'infini. Les rames ont l'air de plonger dans des coulées d'acier, et en faire jaillir mille étincelles. Ne mettez pas la main, vous vous brûleriez ! Mais voici qu'un jeune garçon nu descend et nage autour de nous. Ce n'est plus un corps humain, mais une forme chimérique, ange ou sirène. Cent paillettes luisent sur ses membres, comme des écailles. Parthénope devait s'abriter ici, d'où elle guettait les imprudents nochers, et où elle les entraînait. L'enfant a disparu ; remonté, il se confond avec le rocher, et l'eau clapotante, giclant jusque dans la barque, semble le chercher encore pour ses jeux. Les vagues qui entrent en remplissant le passage remuent incessamment, montant, descendant, tourbillonnant ; elles semblent bouillir sur un feu caché, tandis que, dans un coin, là, dit-on, où le soleil pénètre, en dessous, par un trou toujours submergé, tandis que dans un coin l'eau pâlit encore et devient laiteuse tout à fait, du lait dans un vase de lapis. Le phénomène est charmant à voir. Il n'a rien de grand, il n'a rien qui vous transporte. Mais il est bien la féerie la plus ravissante. Pour qui est sensible aux couleurs, s'émeut des jeux de la lumière, il n'en est pas de plus exquis. Un peintre en rêvera toujours.

Nous avons repassé par le trou, entre deux vagues, et, dansottant toujours, hilares comme les flots dont les rames bousculent l'ordonnance, et qui rendent à celles-ci leurs soufflets, dansottant et sautillant nous avons regagné le grand bateau blanc qui dessine sur la ceinture bleue de Vénus l'une de ses joies ; où donc sont ses douleurs ? Capri, que Tibère choisit, dit-on, pour ses voluptés, pourrait seule nous le dire, la forte Capri où les femmes sont si belles, et où le fils de Livie ne savait plus aimer. A quelque cent mètres du port, le grand bateau blanc s'est encore arrêté et des barques nous transportent, mais cette fois au rivage. Capri, l'île tant vantée comme un séjour plein de langueur, île voluptueuse, reste, lorsqu'on l'approche, la forte terre qu'elle apparaît de loin, rocher massif, lourde sphère, aux lignes sans finesse. A droite, le rocher se dresse jusqu'à cinq cents mètres de hauteur, sans plans et sans ressauts. C'est un roc tout raide, muraille presque lisse qu'aucune verdure ne décore. A gauche, un rocher pareil, moins haut, d'un dessin plus capricieux, mais aussi veuf, aussi uni dans ses découpures plus nombreuses. Entre les deux, une dépression forme un plateau où la vie de Capri et ses jardins se tassent. Les routes serpentent comme elles peuvent le long de ce grand rocher grisâtre, pénibles et cahotées. Elles conduisent jusqu'au haut, jusqu'à la ville d'Anacapri, qui occupe le sommet de droite. Des villas, des hôtels y sont perchés, dominant le golfe de Naples, les côtes de la Campanie et les rives de Salerne. On y respire un air de pureté, d'une légèreté et d'une fraîcheur sans pareilles. N'y cherchons pas trop les bosquets touffus ni les ombrages. Qu'en ferait-on, au surplus ? S'ils répondaient, peut-être, aux imaginations maladives, ils jureraient dans ce paysage de la mer, du Vésuve et des rives napolitaines, l'un des plus grandioses du monde. Le sol est caillouteux, non pas stérile mais sévère. Il ne pousse que des plantes drues et quelques arbres échevelés. Et les effluves embaumés des golfes, que la mer porte jusqu'ici, ne s'y enrichissent d'aucun parfum nouveau. Quittons la Capri voluptueuse, pour ne la voir que ce qu'elle est : magnifiquement rude. Sa beauté est virile au dernier point ; elle serait farouche même, si les flots n'étaient bleus, si le ciel était moins clair et si les hommes ne l'avaient garnie de fleurs.

Car, sur la face méridionale, regardant la mer clémente, toutes les villas s'étagent, remplissant la dépression centrale. Villas enfouies sous leurs palissades de glycines et de roses, derrière leurs haies de caroubiers et de lauriers. Les hauteurs d'Anacapri les protègent contre le couchant, et l'hiver ici est d'une douceur incomparable. Mais la place est réduite, sur ce plateau serré entre les deux rochers extrêmes de l'île. Les maisons s'y pressent dans un fouillis inextricable, où l'on parvient par des chemins accessibles aux ânes bien plus qu'aux hommes mêmes. Oui, certes, paysage enchanté, mais d'un enchantement encore sans fadeur. Il est des rives, comme Sorrente, où l'on se sent gagné par la seule joie de respirer et de voir. A Capri, je n'éprouve rien de cet abandon. Au contraire. J'y prends des pensers courageux de labeur. Peut-être y deviendrait-on lyrique, mais on écrirait le poème. Cette villa Krupp, par exemple, vers laquelle tous les Allemands — et Capri en regorge — se dirigent si drôlement en pèlerinage, petite maison de bourgeois paisible, je ne puis croire, de même que la nient les respectueux Tedeschi, à la légende qui l'enveloppe. Et je vois très bien ce que le grand laborieux, le grand broyeur de bronze qu'était Krupp, est venu chercher dans ce repos. Il est venu lui demander une paix en harmonie avec son âme meurtrière. Lorsque, de sa fenêtre, il voyait là-haut la pointe si sèche du Solaro, à ses pieds l'aiguille éternellement éclaboussée de la Punta Tragara et les pitons des Faraglioni, lorsqu'il passait sous l'Arco Naturale, et lorsqu'il grimpait, comme je le fais, par les sentiers déséquilibrés, aux pierres branlantes, fuyant sous les pieds, vers les ruines du palais de Tibère, il retrouvait, dans ces vertigineux aspects, ses rêves de force. Ces murs de Tibère, Suétone, j'en suis sûr, les a calomniés. Si, déjà, ce que nous savons de l'enfance de ce prince, de sa jeunesse et de sa maturité, ne nous rendait pas méfiant, il suffirait de monter jusqu'ici pour venger la mémoire de celui qu'Auguste appelait « mon brave enfant ». Il fut las du monde, de ses agitations vaines, et il choisit pour sa paix une retraite qui allait bien à son âme fière. En arrivant, tout à l'heure, je le calomniais : Suétone s'est moqué de nous.

Au bord extrême de la pointe de l'île qui regarde d'abord Sorrente et toute la côte de Naples à Salerne, puis jusqu'aux monts de la Calabre et jusqu'à la pointe de Gaëte, les murs romains tout ravagés, dressent encore leurs pierres droites et leurs voûtes. Des chambres aux pavements intacts, des niches et des salles rondes, dans ce désordre architectural si familier aux monuments romains, et qui m'ont déjà surpris sur le Palatin et sous les chênes verts de la villa Hadriana, à Tivoli. Une église, gardée par un ermite crasseux, couronne l'éminence et prétend la purifier sans doute. Il n'en est pas besoin. Le roc calcaire est aride et sec sous nos pieds, qui ne foulent que quelques maigres ajoncs. Du temps impérial, ce devait être ici comme sur l'autre plateau, celui d'Anacapri, quinconces ras, plates-bandes très basses et petits arbustes. Autour, toute la majesté de la mer contrariée, par le lourd rocher de l'île, dans sa plénitude ; la côte de Sorrente, dont on ne voit plus que le péril ; Naples, dessinant sa ligne blanche, d'un crayon bien assuré, par des doigts qui n'ont jamais tremblé ; Misène, posée comme un point sur la virgule des Phlégréens ; le Vésuve, enfin, si digne, et compassé même, un peu... Il existe une vertu des choses ; cette île est pleine d'une héroïque lassitude, d'un repos comme celui d'un Moïse qui voulait « s'endormir du sommeil de la terre ». Tibère, ici, tenait vraiment encore dans sa main fatiguée son empire ; mais il n'en était plus grisé ; il n'en sentait plus que l'immensité sans en porter le poids. Le refuge de Capri est celui que l'on va chercher à la pointe de toutes les terres, sur tous les caps de toutes les mers. La solitude fouettée de vent, le bonheur de se trouver seul dans l'espace infini. Pierres entassées, maigres champs, flots battants, coupe de golfe, bords cahotés, il y a place ici pour les âmes fortes, implacables peut-être ou féroces ; il n'y en pas pour les cœurs découragés. Les faibles y trouveront toujours la consolation des choses impérissables, les œuvres de l'irréductible nature.

Capri, terre solide et mâle, a engendré aussi les créatures les plus généreuses de l'Italie. En descendant des hauteurs où Tibère fut supecté, je me suis arrêté dans une osteria où l'on m'offrit la tarentelle. Celle qui la dansait, pieds nus sur le carreau du cabaret, ne savait guère s'y prendre. Lourde et sans grâce, ses pieds étaient mous, et ses jupes sales tournaient avec peine, lasses d'avoir tant ramassé la poussière des chemins. Cette fille déchue, déjà vieillie, dans le sarrau de sa chemise ronde, sous le collier de corail de son cou, sous la broussaille de ses cheveux, n'est pourtant pas sans noblesse. Les traits fatigués, depuis tant de générations fouettés par la brise marine, le teint recuit cent fois par le soleil, les yeux pailletés d'or tout flambants de l'éclat des rochers qui brillent comme des miroirs, et le sourire un peu contraint sur les dents blanches, cette pauvre fille, mimant les ruses des femmes qui fuient le moustique fatal, la malaria sournoise, garde dans tous ses gestes, une modestie, une dignité touchantes. Elle veut me plaire, par quelques gestes, dont elle sait tant de touristes friands. Elle ne sait pas les accomplir. Sa gauche lascivité disparaît aussitôt sous la poussée de l'instinct pudique. Les femmes de Capri, les fortes femmes aux yeux ardents, à la démarche majestueuse, ont des sourires qui ne promettent rien, qui imposent tous les respects. On est devant elles comme devant un bronze pompeien, souillé de terre, tout à l'admiration que des corps aussi négligés gardent encore tant de beauté. Elles vont dans les rues, sous leurs robes multicolores, la gorge forte dans le corselet galonné d'or, elles vont lentement, droites et sévères, vous regardant de grands yeux profonds et froids. Jamais, mieux qu'à Capri, je n'ai compris comment les Romains entendaient la beauté. Dans les femmes de Capri, j'ai retrouvé toutes les matrones que j'admirais au Vatican et au Musée des Thermes. J'y ai vu mille Livies, Livie la mère de Tibère. C'est en vain que j'y ai cherché la fille d'Auguste, la légère Julie. Les femmes de Capri sont superbes comme cette île orgueilleuse. Capri est une île puissante, aux reins larges, aux dents éclatantes, aux épaules droites, solide sur ses pieds, les bras harmonieux, et qui, si ravagée qu'elle soit par les autans, garde la prestance immuable des illustres filles tyrrhéniennes.

X

LE CHASTE TRÉPIED

Pompei,

« Bien des désastres ont affligé l'humanité ; il n'en est pas qui aient fait autant de plaisir à la postérité que la destruction de Pompei ». Ce trait de Gœthe est féroce. Son égoïsme n'est pas pour en diminuer la vérité. Et nous autres, postérité, avons-nous à rougir de notre plaisir, lorsque les contemporains, déjà, se ruaient à la pâture ? Pompei et Herculanum brûlaient encore sous les lapilli et les cendres, que les demandes d'interviews accablaient les survivants. Les plus proches parents subissaient de déchirants interrogatoires, auxquels les plus notoires écrivains se livraient. Tacite, le grand Tacite, ne perdait pas son temps à pleurer son ami Pline. Sans dissimuler qu'il désirait en composer un mémoire — on dirait aujourd'hui un article —, il adjurait Pline le Jeune de lui envoyer tous les détails qu'il pourrait connaître sur la mort de son oncle. Pline le Jeune séchait ses larmes et écrivait. Nous pouvons donc sécher les nôtres, ne fût-ce qu'afin de lire un chef-d'œuvre, modèle de tous les reportages...

C'est à cette lettre que je songeais en lisant les récits de la catastrophe de Messine, et celle-ci me semble bien faite pour nous aider à comprendre l'autre. Vous vous rappelez l'attitude de Pline le Jeune qui sait son oncle parti pour Stabies, au cœur même de la tourmente ? Non seulement, il s'est refusé à l'accompagner, mais encore il s'endort paisiblement, et, lorsqu'il se réveille, c'est pour reprendre la lecture de Tite-Live. A côté de cette froideur, se dresse alors l'admirable héroïsme de la mère de Pline le Jeune, qui s'écrie : « Fuis, mon fils ! Vieille, j'attendrai chez moi la mort, consolée si je te sais sauvé ! » Mais que dire de Pline lui-même, à la fois magnifique et pitoyable ? C'est par curiosité de savant d'abord, puis à l'appel d'une amie, pour la sauver, qu'il vole de Misène à Stabies à travers le golfe démonté ; et, à peine débarqué, il s'arrête chez un autre ami, et s'y endort après avoir bien dîné. Sa mort de cardiaque emphyzémateux sauva du moins sa mémoire. A Messine, on vit des dévouements sublimes et des forfaits odieux. Les scènes d'horreur de Messine n'ont fait que répéter celles de Pompei, sur lesquelles les cadavres et leurs postures nous ont édifiés. Lorsque Messine sera débarrassée de ses gravats, c'est une seconde Pompei qu'elle nous offrira. Il n'y a pas que l'humanité qui se répète. La nature et les choses aussi. Et, inversement, lorsque nous allons chercher dans les ruines de Pompei des enseignements sur le passé, nous projetons plus que nous ne le croyons des lumières sur nous-mêmes. Sans doute, les deux catastrophes ne sont pas strictement semblables, et Messine ne réjouira pas une postérité aussi reculée que celle de Pompei. Mais les sentiments dégagés seront pareils, le temps ne faisant rien à l'âme des hommes. Ensevelissement ou écroulement, c'est toujours destruction. Les mêmes passions s'exercèrent au cours des deux catastrophes, et la même douleur et la même curiosité se répandirent dans le monde. L'une et l'autre s'éclairent mutuellement. La visite de Pompei peut faire comprendre bien des choses de Messine ; le souvenir de Messine récente sera pour la visite de la Pompei antique le guide de l'esprit, si ce n'est de l'érudition.

Je n'ai pas à faire preuve de celle-ci. Les

ouvrages de Gaston Boissier, de M. Henry Thédenat et de M. Pierre Gusman, sont là pour les précisions. Je serais maladroit et insuffisant à vouloir faire le savant. Peut-être le serai-je aussi, mais à ma façon... Du moins ne m'abuse-je pas, et suis-je bien sûr de ce que j'affirme, qui est le fond de mon cœur. Rêvons à Pline, à l'histoire, à Messine. Rêvons même aux objets rencontrés, aux rues, aux œuvres d'art ; rêvons sur nous. Les visiteurs pensent bien plus à s'émouvoir qu'à se renseigner. Ils aiment encore davantage à s'étonner. Cette ville est pleine de stupéfaction. La première qu'elle produit est son aspect de joujou. A peine entré, on suit une rue étroite où une voiture tout juste tiendrait. Rue de faubourg sans doute ; mais, lorsqu'on avance, les autres rues ne paraissent guère plus larges que celle-là, cette via Marina qui part de la porte de la ville, près de laquelle sont situés les hôtels. La rue de Nola, par où l'on entre aussi, est sans doute moins resserrée, et cependant elle ne donne pas une impression différente. C'est que, petite ou grande rue, le même niveau a été passé sur les maisons. L'étrangeté première de Pompei, celle qui vous trouble avant tout, est dans sa décapitation totale. Sa grandeur est d'une ville ; sa hauteur, d'un poulaillier. A chaque instant, on voit par-dessus les murailles. Tout est aplati, rasé, comme tassé pour s'abriter des vents. Jamais le symbole de la faux aux mains de la Mort n'apparaît plus véridique qu'ici. Le Vésuve, toujours présent, qu'on ne perd pas un instant de vue, semble armé de l'acier recourbé, et les petits remparts, couverts de terre, de Pompei ont dû eux-mêmes se coucher. On marche vraiment dans un jeu de construction, celui d'un jeune prince héritier, mais un jeu. Est-ce bien vrai? N'est-ce pas une de ces reconstitutions à la mode aujourd'hui? J'ai vu, à Rome, tout un Forum rebâti sur une table. Pompéi me rappelle cette fantaisie. Les savants ont choisi ces champs pour leurs expériences et ils nous abusent. Ils nous abusent d'autant plus que les maisons sont aussi minuscules, celles du moins que l'on voit en passant, si l'on évite d'entrer ou même de regarder par les grilles qui les ferment. Les boutiques, chez les anciens, ne devaient pas servir beaucoup au commerce. Une fois casés le patron et les marchandises, le local était plein.

Si nous voulons, au surplus, avoir l'idée de Pompei vivante, promenons-nous un matin, à Naples, dans le quartier qui s'étend entre la rue de Tolède et le port, dans les rues dei

Tribunali et de San Biagio, entre autres D'immenses bâtisses surplombent une chaussée large de trois mètres au plus. Les boutiques sont taillées dans les murs inférieurs, comme des cavernes. A la place de la devanture de nos magasins, c'est le fourneau même de la rôtisseuse qui s'étend, c'est l'éventaire de la marchande de légumes qui déborde jusque dans le ruisseau. Les antres sont étroits; la matrone dépoitraillée, croûlante et repoussante de saleté comme sa marchandise, en occupe tout l'espace libre. Bientôt, d'ailleurs, lasse d'étouffer entre les trois murs où sa rotondité se heurte, elle descend dans la rue, et, face à ses marmites, elle y plonge ses cuillers, y jette ses poissons, ses détritus de viande, les pêche pour les remettre à l'acheteur planté au milieu du chemin. Qui veut connaître la vie populaire romaine, n'a qu'à passer, en se bouchant les narines, dans ces rues de Naples, où la cuisine, la toilette, les emplettes et les besoins se font au grand air. Pompei devait être ainsi, et ce n'est pas en vain que les voies où la circulation était permise aux voitures, comme en témoignent les pierres qui barrent les routes, ces voies étaient rares.

Petite ville, Pompei ne différait en rien des

grandes, dans ses mœurs. Elle n'en différait pas non plus, par la majesté des monuments. Faites la part de l'apparence, diminuée d'un côté par les nivellements, augmentée de l'autre grâce à l'absence du populaire, il n'en reste pas moins que les places de Pompei sont disproportionnées avec ses rues, ses temples et ses maisons. Approchons-nous et tâchons de comprendre. Peut-être trouverons-nous quelque idée générale, quelque fil conducteur qui nous dira un peu de l'âme pompéienne. Le forum est l'un des plus solonnels que l'on puisse voir. Pas moins de neuf monuments l'occupent, parmi lesquels, au centre, le temple de Jupiter, au haut de ses marches, est d'une majesté souveraine. Derrière lui, le Vésuve, écran magnifique, sur lequel il enlève ses colonnes tronquées, pleines de sveltesse. Beau carré long, bien net et sans surcharge, le forum de Pompei est celui d'une civilisation avancée déjà, et que Rome devait regarder avec surprise. Il est, en effet, composé avec un sens de l'harmonie, et surtout de l'espace, bien rares à cette époque. Qui ne s'est étonné, à Rome, du tohu-bohu monumental du Forum ? Le Forum de Pompei est ordonné au contraire avec un soin digne de nos jours, où l'égale distribution des êtres est à peu près le seul goût qui soit resté aux architectes. Si l'on songe que Pompei avait été rebâtie tout récemment, qu'elle était à peu près neuve lors de la catastrophe de l'an 79, ne faudra-t-il pas reconnaître qu'il s'est produit, au commencement de l'empire, un grand changement dans les idées artistiques de Rome? Pour juger celles-ci, nous nous en rapportons peut-être trop à Rome elle-même, encombrée de traditions? Il y a dans le Forum de Pompei, dans la facon dont les répliques d'édifices y sont comprises, dans la conception si particulière, et que je n'ai encore vue à aucune œuvre romaine, ni au Forum, ni au Palatin, ni à Tivoli, dans sa conception de l'espace décoratif, il y a là une exception dans l'histoire de l'architecture antique que je m'étonnais de ne pas avoir vue relevée.

C'est que, si Pompei était romaine, elle était grecque aussi. Naples la nourrissait plus que Rome, et les villes comme Amalfi, Paestum, étaient ses sœurs directes. Voyez le forum triangulaire, et dites si ce n'est pas un pur sourire athénien! Une place biscornue — ou plutôt tricornue! — au pied des remparts, était à meubler. De l'angle qui fait face à ceux-ci part une colonnade sous laquelle trônait la statue de Marcellus. Cette colonnade s'étend tout le long de deux des côtés du triangle, et, pour dissimuler le troisième, celui des remparts, un temple est élevé parallèlement à ceux-ci. Sur la base de ce temple, si habilement planté que l'un de ses angles est juste dans l'axe d'une des pointes du triangle, j'ai grimpé, et j'y ai pris connaissance, d'abord de l'ingéniosité dans l'arrangement équilibré que le génie grec savait toujours déployer, ensuite de tout le paysage de Pompei. Ce forum triangulaire est moins noble que l'autre, il est plus beau peut-être ; moins pur, mais plus travaillé ; caressé avec discernement par un peuple harmonieux, et qui, devant les montagnes qui balancent leurs cimes, restait épris de lignes bien conduites. Sur cette plate-forme du temple dorique, je vois toute la chaîne que je traversais l'autre jour pour venir de Salerne, Stabies que recouvre Castellamare, Sorrente, Capri. Puis, de l'autre côté, les pentes du Vésuve, le grand spectateur lui-même du pays qu'il tient toujours sous sa menace, le Vésuve empanaché et si placide aujourd'hui, sous le beau manteau tabac d'Espagne que lui fait le soleil de midi. Enfin la mer, aveuglante comme un miroir sournoisement projeté, et tout le golfe déployé. Pompei, au milieu de toutes ces splendeurs, étale ses guenilles sur son corps ruiné. Lorsque le

Vésuve l'eut détruite, il recouvrit, par pudeur, son œuvre. Elle lui fait honte, étalée au plein jour, ouvrant sous ses yeux l'infini de ses plaies et de sa beauté, de cette beauté que composent ses formes, et, avant toutes autres, celle de ce forum triangulaire, où j'ai retrouvé les grâces, augustes, mais des grâces, de Paestum.

Nuls comme les Grecs, n'ont compris la nécessité de l'accord entre le paysage et les monuments. Accord n'est pas assez dire. Ils ont englobé le paysage dans leurs œuvres mêmes. Temple, théâtre ou place publique se trouvent situés pour joindre le plaisir de la nature à celui de l'art. Tout se mêle et se tient mutuellement, les monts et les portiques ne font qu'un, ils s'enchaînent. Les temples de Sicile me le diront mieux encore. Mais ici, je perçois déjà ce goût de la « fabrique ». Et si l'on regarde, à côté du triangulaire, le Forum de Pompei, on s'aperçoit, en dépit du Vésuve, que le Romain avait moins ce souci-là. Il pensait surtout à soi, à manifester sa grandeur ; au lieu de chercher une harmonie totale, il en cherchait une entre son orgueil et les choses destinées à relever son prestige. Il y a là deux formes d'esprit que Pompei, seule, permet peut-être de définir, en tout cas de sentir. Le forum triangulaire devant les montagnes de Castellamare est plus divin que l'autre, si solennel qu'il soit, parce qu'il s'achève dans la nature qu'il épouse.

Que l'art romain soit plus exclusivement monumental, qu'il ait réduit à son génie social l'art grec plus purement intellectuel, cela se voit bien nettement encore, il me semble, si l'on quitte les œuvres de place publique pour les œuvres plus intimes. Jusque dans l'usage familier, les Grecs avaient un souci d'harmonie en soi, que Rome possédait moins. Voyez, auprès du Forum, le temple d'Apollon. Il ne craint pas, à côté du temple de Jupiter, de le répéter. Même area entourée de portiques, même soubassement élevé au haut de marches, mêmes colonnes également distribuées. Le temple, chez le Romain, adopte un type qu'il promène partout, pour la convenance du culte, sans se soucier de la convenance propre des choses. Sans doute, le temple grec se répète aussi. Mais c'est lorsque son emplacement reste le même, à cause du paysage et non à cause de soi. Car, lorsque sa personnalité seule est en jeu, il se libère. Si la situation ne commande pas le développement quadrangulaire, celui dont le Parthénon est le chef-d'œuvre, aussitôt le génie grec de s'émanciper. Et il obtient une merveille, déjà tant de fois célébrée, comme est le temple d'Isis de Pompei.

Donnant sur une petite rue, appuyé au théâtre qui l'écrase, le temple d'Isis, venu de Grèce par l'Égypte dont il avait pris le culte en passant, ne pouvait ressembler à aucun autre, et nous possédons aujourd'hui l'un des plus originaux monuments de l'antiquité. Ce n'est plus, en effet, l'édifice que l'on croyait immuable. Le temple d'Isis se compose d'une cour entourée de portiques sur trois faces, la quatrième occupée exclusivement par l'autel. Celui-ci, surélevé de quelques marches, est un monument complet, mur de fond flanqué de deux ailes où des niches sont creusées pour des statues. Puis, tout un petit monde, celui des rites, se presse dans cette enceinte : la demeure des prêtres, les salles d'ablution, les caveaux enfin, nécessaires à un culte mystérieux, où l'initiation jouait un si grand rôle. Comme nous voilà loin, au milieu de tant de choses, des espaces du temple d'Apollon où cependant les cérémonies restaient sobres ! Le charme d'Isis, il est à peu près tout entier, en dehors des détails artistiques, dans sa grâce restreinte, et, il faut bien y revenir, dans son harmonie. S'il a enchanté tant d'âmes sensibles au beau, n'en doutez pas, c'est qu'il est bâti dans le souci unique de répondre à son usage, souci qu'il faudra des siècles pour retrouver. Son carré a été meublé avec une entente prodigieuse de toutes les nécessités. Tout se place avec équité et modestie. Ah ! sans doute, ceux dont la foi secouait chaque matin le sommeil pour les inviter à célébrer la résurrection du jour, auraient voulu, peut-être, pousser leurs clameurs sur les remparts, face à l'Orient, à la mer qui porta le vaisseau d'Isis ! Culte étranger à la terre romaine, le culte d'Isis devait modérer ses transports. Dans un espace où un bourgeois de Pompei n'aurait pas trouvé la place nécessaire à sa demeure, le génie grec se développa intimement, en élégance et en harmonie. Cet accord idéal, qu'il cherche toujours, il le concentre ; et, puisque la nécessité l'oblige à la discrétion, toutes choses resteront strictement ramassées. Tout est petit, chapelle plus que temple, colonnes de péristyle et non de maison publique, autel de laraire et non de forum, niche de fontaine et non de divinité ; tout est petit, et ce qui devait se répandre en majesté se développe en grâce : le génie grec se discipline à toutes les convenances. Où qu'il soit conduit, il se retrouve équilibré, compréhensif et approprié.

Voyons alors, auprès d'Isis, le monument le plus considérable, et incontestablement le plus beau parmi les monuments romains de Pompei, les Thermes du Forum. Le souci de la majesté, comme chez Apollon, s'y retrouve aussitôt, plus que celui des commodités. Le citoyen doit, partout où il se rend, retrouver la grandeur du peuple qu'il compose. Rome est forte, puissante, lourde même quelquefois à ceux qui ont l'honneur de lui appartenir. Tout d'elle sera fort, puissant et massif. Le tepidarium est certainement l'une des œuvres les plus magnifiques de l'art romain ; quelle pesanteur cependant est la sienne ! La voûte est en berceau, de cette forme toute ronde et basse qui écrase toujours un peu. Des stucs aux dessins à reliefs accusés la font tomber encore. Elle repose sur une corniche d'un profil proéminent, et les plus admirables atlantes la soutiennent. Des atlantes en nombre infini, serrés les uns contre les autres, comme s'ils avaient à supporter vingt mondes. Sans doute, la voûte est lourde. Tout de même, elle n'exige pas ces forces prodiguées. Jusque dans les objets, cette pesanteur apparaît, par exemple dans le brasier de bronze, dans les bancs de bronze, à têtes de vaches. On est littéralement écrasé, on étouffe — déjà, le feu éteint.

Soyons riches, semblent dire les Romains, au sens excessif et moderne du mot. Ils le sont alors jusque dans les choses légères, par la profusion. Et c'est le frigidarium, revêtu de marbre, les murs ornés de verdure, la voûte semée d'étoiles, la frise dessinant une course d'amours sur des chars, à cheval, trottant de leurs pieds agiles. Plus tard, sans doute, lors de la construction des thermes de Stabies et des thermes que l'on appelle les Bains centraux, le romain s'affinera quelque peu. Mais ce sera surtout par le percement de fenêtres plus nombreuses qu'il allègera ces monuments. Le décor restera toujours semblable. Le mur de la palestre des Thermes de Stabies accumule les fresques les plus chargées. Le vestibule de l'apodyterium des mêmes bains possède une voûte à caissons de stuc, et une porte drapée de stuc, comme jamais le XVIIe siècle italien n'osera en rêver. Toujours le génie romain va droit à l'énorme, au colossal, d'un pas lent et chargé de dépouilles, comme Rome elle-même, sûre de soi et de son inépuisable fécondité.

Mais ce Romain un peu bouffi, est-ce uniquement le Romain ? Ou bien n'y en a-t-il pas un autre à côté de celui-là, plus fin, sans vanité, artiste, celui enfin qui, à côté des thermes, sait goûter le temple d'Isis, et le forum triangulaire à côté de l'autre? Nous le soupçonnons déjà ; s'il doit apparaître tout à fait, c'est chez lui que nous le trouverons. Je suis entré dans presque toutes les maisons de Pompei, c'est-à-dire dans toutes celles que l'on a pris soin de nommer pour les signaler à l'attention qu'elles méritent. Elles sont ainsi une quarantaine, aux noms charmants, la plupart étant pris aux objets qu'on y trouva, maison du faune, maison du taureau, maison du poète tragique, maison de Rufus, puisque le buste de ce personnage y trônait. C'était peut-être la maison de sa maîtresse? Mais qu'importe! Ainsi fit-on bien d'appeler maison des Vettii celle où l'on trouva les sceaux de deux personnages de ce nom. Où la science va peut-être trop loin, c'est lorsqu'elle veut nous persuader que ces Vettii, habitants de cette maison, étaient des bourgeois. Ou les Vettii étaient en visite lorsque la catastrophe les surprit, ou les Vettii étaient tout autre chose que des bourgeois. Si dissolues que fussent les mœurs à Pompei, l'allégorie qui accueillait toute personne dès le seuil, et qu'on ne pouvait pas ne pas voir, rend cette maison indubitablement la demeure d'une courtisane. Il y a dans cette image, l'évaluation d'un objet au poids de l'or, un symbole qui est trop clair.

Je veux bien que les bourgeois de Pompei aient possédé des peintures priapiques encore plus grossières que celle-là. Mais, celle-là, non ! à cause même de sa place, face à la porte, contre le chambranle de l'atrium, là enfin où il est impossible de ne pas comprendre qu'il faut payer en entrant.

Cette maison des Vettii est la plus célèbre de toutes les maisons de Pompei, parce que, à sa beauté propre, elle a cette fortune d'ajouter son intégrité. Déjà, au XVIIIe siècle, La Lande se plaignait qu'on enlevât de Pompei les peintures et les objets d'art. Jusqu'à nos jours, Pompei a été pillée, comme Rome le fut par les papes et leurs neveux. Aujourd'hui, on laisse les objets où on les trouve, et la maison des Vettii, découverte seulement en 1895, se présente telle que ses maîtres — sa maîtresse, plutôt — la bâtirent et la décorèrent. Ce qu'on voit d'elle et ce qu'on en dit, peut s'appliquer à toutes les autres, pareilles à elle, avec les seules différences personnelles qui ne changent rien au fond des choses, pas plus que l'appartement du boulevard Malesherbes ne diffère dans son essence de celui d'une modeste rue de Passy. Le premier caractère est la grande intimité dans laquelle on vit, indifférent à l'extérieur du monde. Lorsque le

Romain est rentré chez lui, il supprime tout contact. Pas une fenêtre ne s'ouvre sur la rue, et c'est une des surprises de Pompei que ces longs murs de prison que l'on suit le long des voies. Même, point d'échappée sur la campagne ; les maisons qui en offrent aujourd'hui sont toutes près des remparts qui, autrefois, devaient barrer l'horizon. Dans l'atrium et le peristylium, le Romain a concentré sa vie personnelle. Tout en est ramassé dans ces deux cours et le tablinum intermédiaire. Nulle distraction à attendre que de soi-même. Il n'est pas bien sûr que la dissolution des mœurs, évidente quand on regarde les peintures conservées, soit sur place, soit au musée de Naples, ne fût pas due à une telle claustration. La rigueur du climat, si propice aux délassements pris en commun, la tentation des eaux toujours prêtes à recevoir les corps, s'augmentaient encore du désœuvrement. Et qui donc songeait, si ce n'est pour le sommeil ou l'étreinte rapide, à se retirer au fond de ces chambres étroites, sans jour ? Mais, cela dit et fait, avec quel soin on s'ingénie à embellir sa demeure !

On acccumule dans le petit espace du jardin du péristyle, tout ce que l'imagination peut fournir pour amuser un peu des heures bien longues à couler. On y accumule aussi tout ce qu'on ne pouvait voir au dehors, et qu'on aimait tant. Après les peintures lascives ou simplement artistiques, la profusion des représentations paysagères est caractéristique, à ce point de vue. On a relevé la liste des arbres et des plantes fixés sur les murs pompéiens. L'acacia, le cyprès, le pin, le laurier, le platane, le chêne, l'amandier, le châtaignier, le figuier, le noyer, le pêcher, l'olivier, le pommier, le poirier, le cognassier, le mûrier, la vigne, l'acanthe, l'aloès, le lierre, le tamarin, le myrte, le roseau, le papyrus, la marguerite des prés, la rose trémière, la nielle des blés, le lis, la rose de Damas, l'iris, le glaïeul, le narcisse, le coquelicot, le pavot, tout ce que la nature contient d'essences est là pour rendre la demeure plus douce et plus gaie. Tout est sous les yeux et sous la main. On peut vivre des semaines entières chez soi avec tous les agréments de la vie, le soleil, l'eau vive, les fleurs, les arts et les amis. Le goût du chez soi se développe à l'extrême ; on ne quitte plus, l'activité extérieure satisfaite par quelques cris poussés au forum, ou par les spectacles publics, sa maison discrète et fraîche. Nous n'avons plus beaucoup de maisons romaines à Rome. Celles de Livie et de Jean et Paul sont bien loin de celles-ci. Il y a certainement entre Rome et Pompei quelque chose qui les sépare. Et ce quelque chose, je crois bien que c'est la culture grecque, assurément très grande à Rome, mais beaucoup plus prononcée ici par suite des dispositions premières.

La maison romaine, les Pompéiens l'ont tout de suite haussée au niveau du forum triangulaire et du temple d'Isis, en regard du Forum et des thermes. Leur goût restait orgueilleux en public. Ils étaient fiers d'appartenir à la grande et puissante République. Et leurs gestes de citoyens demeuraient grandiloquents. Mais, rentrés chez eux, ils reprenaient leurs délicatesses sous les portiques couverts de fresques, entre les colonnes stuquées et peintes, reliées par des guirlandes, parmi les plates-bandes, entre les bassins que des statues commandent. Ils devenaient aussitôt affinés et subtils. Ils poussaient aux extrêmes conséquences, y entrant plus facilement que d'autres, l'éducation grecque de Rome. Il y a dans ces maisons de Pompei un sens de la couleur — oh ! les beaux rouges et les beaux jaunes pour ces corps de brunes ! — un sens des proportions — toutes les statues sont petites, des réductions de chefs-d'œuvre antiques — et de l'harmonie, qui sont surprenants. Il y a surtout cette suprême fleur des cœurs artistes, et que les

Grecs avaient su cueillir avec tant de bon sens, et qui est la nécessité pour la beauté de n'être pas solitaire. L'indigence des pièces intimes auprès des publiques est frappante en effet. Ostentation ? Non, puisque ni façades, ni rien de visible du dehors. Mais sociabilité d'abord, et surtout sentiment profond du beau essentiel. Et cette essence est éminemment commune. La beauté a besoin de diffusion et d'effet collectif. Elle doit s'exercer en masse pour agir pleinement. Elle doit surtout, c'est sa grande loi, accorder ses formes diverses. Un geste peut être juste. Il ne sera vraiment beau, un vers aussi, un corps bien plus, que parmi d'autres représentations égales. Le bon vin doit se boire dans le cristal ouvragé, la jolie femme s'étendre sur des coussins de soie, la statue ne pas rougir des membres qu'elle se compare, l'eau claire des fontaines ne pas refléter de grimaces. Il y eut, chez les Romains, et, particulièrement, chez les Pompéiens, en dépit de leur outrance « impérialiste », un sens tout à fait grec de la beauté complète. Nulle ville comme Pompei ne peut fournir de plus péremptoire preuve à la supériorité de l'éducation sur la race. Tout poussait ce peuple romain, ses origines et son développement politique, à l'outrecuidance et à l'excès. Il s'y livrait même dans ses manifestations publiques. Rentré chez lui, il reprenait ses sens, et l'idéal grec dont il aimait à se nourrir triomphait. Plus facilement, sans doute, à Pompei, déjà grecque un peu, qu'ailleurs. Mais trop souverainement ici pour qu'il n'en perçât rien autre part. Sans doute encore, la description que Pline le Jeune nous donne de sa villa de Toscane indique une matérialité un peu trop vive. Tout de même, et dans cette description même, nous trouvons la part très grande de ce sentiment de l'harmonie que Rome rapporta de ses conquêtes orientales. Dans la maison pompéienne, comme au forum triangulaire et au temple d'Isis, c'est la Grèce qui règne, avec son goût parfait ; et le jour où on déterrera la ville de Sélinunte, c'est, à la lettre, le modèle de Pompei que l'on découvrira.

Il est enfin un dernier enseignement, et qui compléterait cette vue dernière, qu'il faut demander à Pompei. S'il m'est donné, un jour, de vous accompagner à Naples, nous le prendrons ensemble. Le musée de Naples regorge des œuvres pompéiennes, dont les ruines de la ville ne nous offrent que le cadre vide. Statues, fresques, objets usuels et professionnels, tout ce qui orne et meuble la maison, ont été transportés au « Cabinet » de Portici, et de là au musée du royaume napolitain, italien enfin. C'est dans ses galeries que nous pénétrerons alors les derniers secrets de Pompei, de Rome et de la Grèce. Je replace aujourd'hui, et vous replacerez avec moi, le long de ces murs et de ces parterres, les mosaïques dont la *Bataille d'Issus* est le chef-d'œuvre, ces fresques où toute la mythologie et toute l'histoire grecque et romaine sont représentées, ces bronzes, le *Narcisse*, les *Danseuses*, le *Faune*, le *Taureau*, le *Satyre dansant*, *Isis*, *Méléagre*, le *Centaure*, l'*Ariane*, le *Silène* et cet admirable trépied du musée secret, l'un des plus purs chefs-d'œuvre, chaste malgré sa lubricité, de l'art domestique, et même de l'art tout pur. Je restitue à chaque maison les stylets, les tablettes carbonisées et encore couvertes d'écriture, les lampes, les vases de cuisine, les tasses et soucoupes, les couteaux, les mortiers, les amphores, les bijoux, colliers, anneaux, bagues, bracelets, les miroirs, les épingles, jusque des « chichis », mais de bronze ! les fards dans leurs pots, les ciseaux, aiguilles et dés, les parasols, les instruments de musique et de chirurgie, l'appareil militaire, les ustensiles du charpentier, du maçon, du cordonnier, les cadrans solaires, les médailles, les sceaux, les pierres gravées, les livres, les manuscrits, — toute la vie enfin, ensevelie aujourd'hui dans quelques vitrines, dont les moins saisissantes ne sont pas celles où tous les aliments, conservés par la cendre, semblent encore préparés pour les tables.

Alors Pompei n'est plus morte. Elle ne revit pas, non plus. Elle continue de vivre. Elle tient sa place moderne dans l'un des plus sublimes et fertiles paysages du monde, ce golfe de Naples, si grouillant de toutes les passions vivaces. Carressons ses pierres avec respect. Lorsqu'elles furent englouties, ce ne fut pas pour donner raison au sot qui écrivit sur le mur d'une maison, où on les voit encore, les deux mots : SODOMA, GOMORA. Ce fut, au contraire, afin de conserver à la postérité de Gœthe, l'immédiate postérité se montrant trop souvent ingrate, l'enseignement de la grandeur sociale et de la beauté morale, jusque dans les tares, expressions humaines que nous devons comprendre, et dont nous devons, aussi bien que des vertus, ne fût-ce que pour les fuir, dont nous devons profiter.

XI

DE CARRACHE A REMBRANDT

Caserte.

Quand on vous dit : « Voyez ce château ; il est aussi beau que celui de Versailles », il faut se méfier. Tout de même, selon l'expression populaire, ça se saurait. Du moins, si l'on ne prend pas l'affirmation à la lettre, doit-on tenir compte de l'exhortation. Aussi beau que Versailles doit s'entendre : le constructeur, ébloui par l'œuvre de Louis XIV, a voulu édifier selon ce modèle ; il a prodigué les ressources pour égaler sa demeure à celle du grand roi. L'effort est déjà considérable. Et il n'est pas indifférent de savoir à quoi il aboutit, surtout lorsque ce prince est l'arrière-petit-fils du Roi Soleil. C'est dans ces dispositions que je m'arrête à Caserte, où s'élève l'œuvre la plus considérable des Bourbons d'Italie. Bourbons mâtinés de Farnese, qui plus est, c'est-à-dire de la famille assurément la plus fastueuse et la plus portée vers les arts, de toutes celles entre qui la papauté a partagé l'empire romain. Les trésors de Modène, de Ferrare, d'Urbin, ont passé dans leurs mains. Beaucoup d'entre ces chefs-d'œuvre, sans doute, croupissent encore, au temps de Charles VII, dans les corridors de Capodimonte, en tas ; et les gens de service, au témoignage des voyageurs, piétinent les rouleaux de toile où Titien et Corrège ont prodigué leur génie ; ils les piétinent et même les compissent. Mais ce n'est qu'ignorance de valets ; le maître a de la bonne volonté, s'il n'a pas de soin. Son château ne peut qu'être magnifique, et le souci de Versailles n'a pu que prêter au monument de la retenue, en ce XVIIIe siècle italien, ivre de baroque, dévergondé à un point qu'on ne saurait dire.

La ville, déjà, a un faux air versaillais avec ses rues larges et vides, où ne circulent guère que des militaires. Caserte est une grande caserne, très recherchée à cause du voisinage de Naples et de la proximité de Rome, dont trois heures de chemin de fer séparent à peine. Les environs, c'est la douce Campanie. Le parc du château, enfin, est propice aux familles. Nous irons nous y promener tout à l'heure, ainsi que dans la campagne. Voyons d'abord l'édifice. Il est grand, immense même, mais ramassé en un rectangle de deux étages sur rez-de-chaussée, plus l'entresol et l'attique. Une large voie voûtée, large pour trois ou quatre carroses de front, le traverse de part en part, au milieu, et coupe, au centre, un vestibule octogonal qui donne accès dans les cours intérieures, et sur lequel mord le le grand escalier. Au haut de celui-ci, le palier des appartements, considérable, en octogone, dessiné par vingt-quatre colonnes de marbre, fermé par quatre portes de musée : ce sont les portes de la chapelle et des appartements. Ne cherchez point, dans ceux-ci, de pièces intimes comme celles qui, à Versailles, flanquent les salons d'apparat. C'est, tout le temps, l'aile de l'orangerie, ou le salon d'Hercule. Songez que l'appartement du roi est séparé de celui de la reine par une galerie de cinquante mètres de long. On ne peut s'empêcher de se représenter Sa Majesté, le bougeoir à la main, allant rendre visite à son épouse. On comprend que Ferdinand y ait renoncé. Et Marie-Caroline, lasse d'attendre, appela Acton qui pouvait, lui, monter par les entresols. J'inclinerais, cependant, à croire que Marie Caroline descendait plutôt le retrouver. Ah ! que ces chambres sont froides !

Le climat, sans doute, commande leur largeur. Mais tant de hauteur ne rafraîchit pas ; elle glace. Et quelles voûtes ! Car tout est voûté. Quant au décor, il est exaspéré, — et exaspérant. Du marbre, du marbre partout. Et du stuc, et de l'or. Mais de l'art ? Bien peu. Quelques détails, par-ci par-là ; des portes assez belles, quoique maigres de dessin ; des corniches aux profils nerveux ; des pavements surtout, d'une belle tenue. Des choses lourdes, « riches », des choses d'apparat et non de goût, faites pour la représentation et non pour soi. Le meuble est pareil. Tentures éclatantes, de soie, sans recherche artistique ; cheminées, consoles, garnitures, toujours pesantes, massives. Lits et sièges dorés, sans caractère, sans style aucun. Et les seuls un peu plaisants, comme les seules pièces à peu près avenantes, sont ceux que Murat arrangea, et sema d'abeilles.

Qu'y a-t-il de Versailles, là-dedans ? Rien du tout. Le palais de Naples lui-même, si sec qu'il soit, est bien plus versaillais. Ce bâtiment d'une seule pièce, tiré au cordeau, sans repentirs, sans recoins, sans aucun imprévu, est l'œuvre la plus froide. A Versailles, les façades sont diverses ; pareilles ici, de quelque côté qu'on arrive. On peut entrer dans Versailles par vingt portes ; une seule, à Caserte. Il y a unité, mieux encore : concentration. C'est l'œuvre d'un homme, et non d'un roi, encore moins d'un règne ; pour une famille, et non pour une cour, encore moins pour un siècle. Où donc l'élégance de la Cour de Marbre au fond de ces puits ? Le vestibule des appartements a l'air d'une nef de cathédrale baroque. Les salles, je viens de le dire, sont des salons de réception, jamais des chambres. Aucune main ne s'est plu à les orner, à en ordonner l'agrément. Aucun choix personnel n'est intervenu. Un crédit a été ouvert à l'intendant avec ordre de faire grand. Tel un milliardaire, qui charge une maison d'ameublement de garnir son hôtel. Ah ! que l'on donnerait toutes ces dorures et tous ces marbres pour un bronze ou une boiserie ! Mais le goût seul peut choisir ceux-ci. Vanvitelli, l'architecte, certes, fut modéré pour son temps. Le roi ne le fut pas, et ça se voit. Quand Charles put constater que son vestibule ressemblait à l'un des transepts de Saint Pierre de Rome, il crut que tout était parfait. Et Caserte vous a, au fond, un air de parvenu. Versailles, celà ! où rien de joli, de gracieux, de choyé, ni d'intime ne se voit ! Est-ce Murat qui m'y fait penser, malgré son relatif souci de personnalité ? Mais ici, si je songe à quelque souverain, c'est à Napoléon. Il aurait ainsi bâti le palais du roi de Rome, ou le sien s'il ne l'avait trouvé tout fait. De Versailles, Caserte ne possède, que ce qui y vaut le moins, je veux dire la grandiloquence, sans le charme émanant de toutes choses, les grandes comme les petites, tous ces détails où se trahit un soin constant, où se voit, en fin de compte, une « maison » et non un palais d'exposition. Après une heure à couvrir de ses pas tant de pavés luisants, entre des murs brillants, on finit par se sauver ahuri, mais non pas ému. On ne dit pas : C'est magnifique ! On murmure : Mazette !

N'est-ce pas cela, au fond, tout ce que l'occupant désirait ? Il n'est pas douteux que ceux qui pouvaient vivre dans ces chambres de Super-Excelsior-Palace-Hôtel, y prenaient un grand sentiment de leur dignité. Aucune délicatesse, certes ! Mais quel pouvoir ! Peut-être voulaient-ils se persuader, inquiets au fond ? Alors, ils exagéraient. L'habitude, oui, et l'épaisse sottise d'un Ferdinand IV émoussaient cela. Il en restait quelque chose, malgré tout. Lorsque le roi rentrait, arrivant de la grouillante Naples, lorsqu'il s'isolait, il ne pouvait gagner son lit que d'un pas orgueilleux. Il y avait vraiment des distances pour lui, et pour lui seul. Il était donc unique, émané de Dieu, dont il représentait la domination. Et ceux qui le regardaient passer, glisser ainsi sur ces dalles, devaient avoir la sensation d'un être immatériel, rayon de divinité. On voit, au musée de Naples, une statue de Ferdinand IV, qui est bien la chose la plus comique qu'on puisse imaginer. Lorsque Canova tailla ce marbre, il dut se tordre de rire. C'est un Ferdinand colossal, comme une statue de phare, ou de tour de château fort. La grosse figure à la lèvre lippue, si bestiale dans tous ses traits, bajoues, front fuyant, yeux exorbités, la grosse face est coiffée d'un casque grec, et, sur la poitrine, l'égide. Ferdinand en Minerve ! Je le voudrais à Caserte. Mais non. Caserte vaut mieux que cela, tout de même. En soi, le château est une œuvre architecturale assez noble, sobre extérieurement, caserne, mais belle caserne. Non pas le mauvais goût, mais l'absence de goût, cette indifférence absolue si étonnante chez un Bourbon-Farnese, seules le font déplaisant. Et Murat nous dit qu'on pouvait le rendre sinon aimable, du moins agréable. Les jardins, d'ailleurs, y suffiraient.

Ce ne sont pas ceux de Versailles, non plus,

mais de Marly. Ils y font penser par la grande cascade faisant face au château, et de laquelle tombent les eaux de tout le parc. Ces eaux sont fort belles. En partant du château pour se diriger vers le haut du parc, où la cascade apparaît sous la forme d'une haute colonne de porcelaine ou de mosaïque, comme il s'en voit aux jardins de Frascati, on remonte une série de bassins rectangulaires, étagés en escaliers de géants. Des corbeilles les encadrent, des allées les coupent et des charmilles épaisses les bordent, charmilles piquées de statues. C'est la disposition rectiligne et aquatique des jardins français. Pour qui connaît le jardin italien, tout en plates-bandes chantournées, la nouveauté de celui-ci est très grande. Il dut émerveiller la cour, le roi encore plus. Il est, en tout cas, en exact rapport avec le palais. Vanvitelli a été, sans doute, attiré par l'idée de dessiner à la française, plutôt que tourmenté par le scrupule de l'harmonie. Ne lui chicanons pas son résultat. Le palais s'encadre merveilleusement entre ces alignements, devant cette pelouse, au-dessus de ces plates-bandes longues et droites. Encore une fois, le paysage et le monument s'accordent, et c'est toujours un spectacle charmant. Si vraiment Versailles peut être évoqué ici, c'est par le beau recul des bâtiments, solitaires sur leur tremplin, face aux eaux et aux bosquets, par l'harmonie totale entre les pierres et les plantes. Que de fois, tandis que je montais vers la grande cascade, ne me suis-je pas arrêté ! Des bassins, les jets d'eau entre-croisés, crachés par des bêtes et lancés hors des conques, chantaient éperdus, Les eaux disparaissaient sous terre pour renaître bientôt dans le bassin inférieur où des coquilles les recueillaient. Et cet effet retourné de Versailles, des eaux vers lesquelles on s'élève au lieu d'y descendre, allié au même accord et à la même ampleur, n'était pas sans me séduire.

A force de monter, cependant, je suis arrivé au pied de la cascade, haute mais étroite, très haute et trop étroite pour le bassin considérable qu'elle alimente, pour tout le jeu auquel elle doit fournir. Appuyée à une vaste rocaille couverte de verdure, manière de grotte ou de montagne rocheuse, la vasque s'arrondit, au-dessous de la chute qu'elle reçoit, en une vaste coupe où les jets retombent éclaboussants. Mais ce qu'il faut voir, ici, bien plus que l'effet des eaux, c'est le groupe considérable qui les meuble, un roman en deux parties. Et ce roman, c'est celui de Diane et d'Actéon. Cette fable, parmi ces eaux, était indiquée. D'un côté Diane, avec ses nymphes nues pressées autour d'elle pour la dérober à la vue de l'innocent Actéon. Crocale, Nephéle, Hyale, Rhanis, Psécas et Phiolée, debout, accroupies, les bras étendus, essaient en vain de cacher le corps de leur maîtresse. Diane, cependant, attend, pour avoir de la pudeur, que sa colère soit passée. Très haute au-dessus de ses nymphes, le corps bien en vue, elle tend un bras menaçant vers Actéon qui s'enfuit — et c'est le second acte à l'autre bout du bassin. Déjà Actéon est cerf, non sans avoir gardé quelque chose de sa forme humaine. Et là se voit tout de suite le défaut de cette sculpture berninesque. Il a bien fallu, pour les spectateurs, conserver à Actéon un corps d'homme, si déjà sa tête est de bête ; sans cela l'aventure n'eût été qu'un hallali. Mais alors que font les chiens à déchirer le corps de leur maître, qu'ils doivent reconnaître au flair? Comme autour de Diane les nymphes (et cet équilibre a dû enchanter l'artiste) autour d'Acéon se pressent et le dévorent Pterelas, aux pieds d'Achille, Agre au nez subtil, Nape la fille d'un loup, le blanc Leucon, le noir Asbole et jusqu'aux trois frères dont le père était de Crète et la mère de Laconie. En vain fuit Actéon ; il succombe déjà aux morsures tout en

« remplissant ses montagnes familières d'accents non pas d'homme, encore moins de cerf ». Pleurons avec Ovide l'injuste sort d'Actéon. Pleurons, surtout, que le baroque, tenu à distance jusque-là, ait trouvé moyen de se faufiler enfin. Ce château, ces gazons, ces plates-bandes, ces bosquets, ces eaux étaient graves. Diane est venue tout gâter. Je lui tourne le dos et redescends aussitôt le long des bassins. Et c'est sur un charmant petit lac, bien distribué de charmilles et de rochers, mystérieusement caché dans des taillis, que mon impression veut rester, de cet édifice si froid, de ce parc trop raide. Ils ont du caractère ; comme je leur voudrais un peu de l'affabilité de la Cour de Marbre et du Bassin de Latone !

Lorsque je donne au cocher l'ordre de me conduire à Caserta-Vecchia, il me regarde avec ahurissement. La nouvelle Caserte, celle de la plaine qu'illustre ce château bourbonien, méprise la vieille Caserte où le château lombard n'offre que des tours écroulées. Que peut bien avoir à faire un étranger avec ces misères ? Et je sens que je suis un peu suspect. Nous partons, cependant. Après avoir serpenté à travers les champs bien ombragés d'oliviers et de chênes verts, la route monte au flanc de la montagne haute de quatre cents mètres, où Caserta-Vecchia est perchée. Parmi les raisons qui m'imposent cette ascension, le paysage est la première. Je veux embrasser d'un coup d'œil la Campanie tout entière. La voici, en effet. A mes pieds, le château et le parc de Caserte, au centre. Une allée de grands arbres, en face l'entrée du château, conduit mon regard, et le porte jusqu'à Naples éployée sur les pentes du Pizzo et de Saint Elme, et le long du golfe. Celui-ci est tout entier découvert, depuis la pointe de Misène jusqu'à Sorrente. Au fond Capri sort des eaux, sombre sur l'émeraude. A gauche, c'est le Vésuve, ou, mieux encore, le Somma, son frère. La plaine campanienne relie ces repères, s'étendant autour de Naples, du Vésuve et de Caserte, répandue jusqu'au Vulturne, au bord duquel Capoue scintille. Derrière enfin, la chaîne des Apennins, barrant le Nord, permettant à la terre de dispenser ses bienfaits. Les eaux coulent abondamment de ces montagnes, qui, de plus, forment écran contre le vent mauvais. Largement ouverte au Midi, la Campanie reste fraîche, ne prenant du soleil que ses feux réconfortants. La mer baigne de son haleine les champs déjà gras, bien irrigués par un peuple prospère. On m'a parlé de la Conque d'Or, à Palerme, que je verrai bientôt. En voici une autre, plus vaste, mais d'une fertilité qui ne doit rien laisser à l'autre. Si perdu que soit le regard, on est frappé de tant de richesse. Voici un vaste champ de céréales, au printemps. Du haut de ces quatre cents mètres, les arbres confondent leurs branches, les mettent à niveau. On ne voit qu'un remous sous le vent, comme sur les jeunes blés de nos campagnes. Pas une tache brune ou blanche, rien que de la verdure. L'heureuse Campanie est tendre à l'extrême. Mais son dessin surtout me touche, ses lignes majestueuses, son architecture si bien conçue, avec les limites du Vésuve et des Apennins, de la mer, que ferme elle-même Capri, comme une digue. Le paysage est composé par un maître dans l'art des reliefs et des plans. Ce que je vis du haut des falaises sorrentines, je le revois, mais retourné. C'est l'épreuve du premier enchantement ; il est confirmé. D'où qu'on l'examine, la Campanie est l'un des plus parfaits monuments de la nature, sans tares, sans oublis, sans excès comme sans insuffisance.

— Ecco Caserta-Vecchia ! dit le cocher en arrêtant ses chevaux.

Je suis au sommet de la montagne, sur un amas de cailloux branlants, où achèvent de se désagréger les pierres d'une vieille forteresse. Je demande la ville, et non pas cette ruine! Ecco! répond toujours le cocher, me montrant un sentier praticable pour les ânes seuls, et encore! Mon ignorance ne peut qu'obéir. Je suis le sentier qui tourne la montagne et me conduit, bientôt, entre deux rangs des maisons les plus sordides que j'aie encore vues. De pierres sans ciment, de pierres jaune sale, presque noir, les murs bâillent et penchent, aussi minés que le château lombard. La rue — la rue?... — est souvent en contre-bas des champs, et c'est un village au bord d'un chemin creux. Tourné vers les Apennins, le bourg dégringole la montagne, par des voies tantôt taillées dans les talus, tantôt enfermées entre des murs qui vous menacent de leur imminente chute. Des portes s'ouvrent, branlantes et pourries, sur des taudis; des gens accourent contempler le visiteur, aussi stupéfaits que lui. Il me semble que j'ai réveillé des hommes endormis depuis des siècles, de vieux Lombards qui se cachaient pour échapper aux Normands, et dont j'ai découvert la retraite. Et ces vieux restes de Didier ont l'air encore plus minables que leurs demeures. La boue colle à mes semelles, des parfums âcres montent à mes narines, le purin coule partout, rongeant les pavés et les murailles qui s'effritent. Tant de misère dans cette riche Campanie! Misère morale surtout, la plus pénible à voir, puisqu'elle accuse nettement la déchéance humaine. Un effort de volonté suffit pour y soustraire; personne ne le tente. Ce village n'a rien vu, rien appris depuis les temps où le château lui était tutélaire, mais exigeant. Il est resté accroupi derrière lui — et il y croupit toujours. Il a peur de la mer qu'on voit là-bas, comme si les Sarrasins la sillonnaient encore. Les rues, les maisons s'abandonnent, elles ne feront pas du moins envie. Et c'est un silence affolant qui m'entoure. J'ai vu quelques visages dans les portes; les rues n'ont pas un passant. Je suis seul, tout seul dans une ville abandonnée depuis cent ans au moins. J'ai froid. Non pas la peur, mais ce sentiment effaré que l'on éprouve aux choses nouvelles qui ne suscitent aucune impression éprouvée déjà, ou simplement rêvée. On se sent perdu, sans même le secours de soi-même, qui ne se reconnaît plus. Combien nous sommes faits des choses qui nous entourent! Il suffit de ce qui est nouveau à notre esprit, pour nous bouleverser.

Je me suis sauvé de ce cercueil pourri, au fond duquel j'ai trouvé pourtant le bijou qui fait sa gloire, et pour lequel, aussi, j'étais venu.

Bijou rongé par la rouille, en miettes comme la ville, mais encore merveilleux sous sa lèpre. De toutes les églises normandes d'Italie, la cathédrale de Caserta-Vecchia n'est peut-être pas la plus belle ; elle est assurément la plus touchante. Des décors véritablement féeriques qui la garnissaient, il ne reste presque rien. Mais elle a gardé sa forme intacte, son campanile sous lequel passe le chemin, comme à Barletta, et surtout le plus charmant des dômes à colonnettes, de ces dômes pris à l'orient et si joliment mariés au roman du Nord. Comme toute la ville à moitié abandonnée, et s'abandonnant pour l'autre moitié, le dôme de Caserta-Vecchia est d'un jaune noir, d'une saleté à pleurer ; il est exquis de forme et de grâce légère. Il est le dernier spécimen que je verrai de cet art composite inventé par nos pères, en ce voyage. Je le regarde avec tendresse, peut-être à cause de cet adieu ; mais aussi, j'en suis bien sûr, pour lui-même, pour sa beauté.

D'un air narquois, mon cocher me demande si je suis satisfait. Comment lui dire ce que je ressens ! Auprès de la riante Caserte, la vieille *casa erta* n'est plus qu'un innommable hameau. La fille brillante rougit de sa mère déchue qui achève de mourir au foyer ancestral, tournant le dos aux richesses qu'elle ne comprend pas. C'est une chose répugnante qu'un village ruiné. Mais si lamentable la merveille déchue d'une église qui atteste un passé rayonnant ! Il y a bien de la pitié dans l'admiration qu'on leur donne à tous deux ; il faut toujours prendre garde d'être séduit uniquement par ce sentiment attendri, et de revêtir les êtres de la charité qu'ils nous inspirent. Et pourtant les choses désagrégées, comme est ce bourg en poussière, ont une beauté personnelle, la beauté du vieux mendiant. Auprès de ce Carrache que dessine dans la plaine campanienne le château de Vanvitelli, Caserta-Vecchia, avec sa cathédrale, étale les haillons d'un Rembrandt. Les beaux jardins chamarrés et les Ferdinands bien ratissés insultent par trop à la cité pourrie. Ils auront beau me détourner, c'est encore à l'abominable ruine que je penserai, d'abord, lorsque le nom de Caserte frappera à la porte de ma mémoire. C'est à son église, à ce dôme parfait, si gracieux et puissant à la fois, que mon souvenir ira toujours, tenace comme lui, pur comme lui, et, comme lui, dominant la douce Campanie de richesse et d'amour.

XII

L'OMBRE DE SPARTACUS

Capoue.

Deux villes portent ce nom : Capua et Santa Maria di Capua Vetere. Laquelle est la bonne ? La ville romaine s'élevait sur l'emplacement où est bâtie Santa Maria. Ses habitants l'abandonnèrent après sa ruine par les Sarrasins, et ils emportèrent son nom avec eux. Ils fondèrent sur les bords du Volturne, à quatre kilomètres des ruines, une nouvelle ville qui fut une place importante pour les Lombards, les Normands et Frédéric II. Peu à peu, cependant, la vieille Capoue se repeuplait, de telle sorte que Santa Maria est à la fois plus ancienne et plus moderne que Capua, qui date du Moyen Age. Comment ne pas s'y perdre ! Faut-il choisir ? Tenir pour la Capua qui a gardé le nom et continué les hauts faits mais qui, géographiquement, nous abuse, romainement aussi ? Ou bien se fixer à Santa Maria qui occupe le territoire antique, mais dont les souvenirs s'arrêtent dès le IXe siècle, et dont le nom nouveau dit assez la modernité ? En réalité, si les deux agglomérations forment deux villes distinctes, il n'y a qu'une Capoue pour le voyageur. De même que, pour Annibal, la rive droite et la rive gauche du Volturne jouissaient de la même mollesse ; de même que, pour les Lombards et les Normands, occuper Capoue, c'était posséder la Campanie ; de même que, pour Frédéric, la porte triomphale de Capua ouvrait sur toute la vallée, — de même nous embrassons les deux cités dans une égale curiosité. Il n'est qu'une Capoue, en deux parties, voilà tout. Et si, après avoir visité le musée de Capua où sont ensevelis les restes de la statue de Frédéric II, après nous être promenés sur les bords du Volturne, et après avoir regardé la cathédrale où sourit l'art sicilien, le roman mâtiné d'arabe des Normands, nous nous arrêtons plus longuement à Santa Maria, c'est qu'il faut bien déjeûner quelque part — et que mieux vaut encore s'abreuver à la source qu'aux pleurs.

Larges rues, places assez vastes, ville ouverte et animée, Santa Maria offre l'aspect le plus banal. J'y ai vu deux églises qui n'ont laissé aucune trace dans ma mémoire ni sur mon carnet. Seul, l'amphithéâtre répond au désir artistique. Il y répond même d'une voix puissante. L'amphithéâtre de l'antique Capoue s'étend aujourd'hui à l'extrémité de la ville auprès d'une porte romaine ouvrant sur la route de Capua. Il occupe le fond d'un grand champ de foire, et ses arcades se détachent sur les montagnes. J'ai vu hier, du haut de Caserta-Vacchia, cette plantureuse Campanie. En venant ici ce matin, et du haut des gradins de l'amphithéâtre, je la vois de plus près : elle est plus grasse que je ne le croyais encore. Entre Santa Maria et Capua, ce n'est qu'un jardin. Le dôme de la cathédrale de Capua émerge des frondaisons, comme une coupole au milieu d'un cimetière de campagne. Les montagnes ne sont que sourires. Les champs autour du cirque germent tendrement. Et rien n'est plus sinistre que ce grand cadavre de carnassier parmi cette verdoyante fraîcheur. Et qu'il est décharné ! Le Colisée est intact auprès de lui ; le Colisée qui le détrôna en grandeur. Il lève çà et là quelques arcades solitaires, toutes rousses, et ses gradins sont envahis d'herbes poussées sur les pierres. On y monte comme sur le flanc d'un mort, parmi les éboulis, le long de véritables sentiers. C'est ici que Spartacus fit ses premières armes. Il les fit dans ces dessous qui sont la seule beauté de cet amphithéâtre.

Tout entiers dégagés, ils offrent à celui que ces monuments intéressent, à qui ne répugnent pas les sanglants spectacles humains qu'ils évoquent, ils offrent le plus puissant assemblage de forces, plus impressionnantes qu'au Colisée même, où la ruine est cependant plus complète qu'ici. Mettez sous le Colisée les galeries de l'arène capouane et vous obtiendrez le plus bel amphithéâtre du monde. La file de ces énormes piliers carrés, les corridors qui les coupent, les citernes, les canaux, les réduits des fauves, et jusqu'à la disposition ovale du pourtour qui permet à l'œil des fuites infinies, composent un spectacle superbe d'énergie. Quel appareil ! Longtemps, je me suis promené dans ces galeries souterraines. Un pâle soleil projetait des ombres grises d'une teinte mystérieuse. Dans les citernes, l'eau croupissait avec des reflets de grotte marine. Au-dessus de moi, les herbes des gradins se balançaient en frémissant. Seul, dans cette atmosphère silencieuse, rugissante autrefois, j'essayais en vain de comprendre autre chose qui ne fût pas la beauté des lignes et le soupir de la nature éternelle. Ce que je sentais au Colisée, je le sens plus fortement ici. Oui, comme au Colisée, cela est beau, mais pour des raisons étrangères à soi-même. J'ai trop la conviction que les monuments doivent répondre, dans leur aspect, à leur destination, pour ne pas vouloir aussi que leur ruine puisse être par moi destinée. Et le destin de celle-ci, je le réprouve. Il me répugne de voir des hommes s'entretuer pour en amuser d'autres, et se faire dévorer par des bêtes. Dans un temple païen, je puis encore sentir à l'unisson de ceux qui y priaient, bien que je ne prie plus. Dans un cirque, tout ce qu'on éprouvait m'est étranger. J'admire l'objet, je ne me vois pas m'en servant. Il m'est indifférent au moins — et seul Spartacus réveille peut-être l'instinct de révolte que tout bon latin garde au fond de son cœur...

Et c'est avec joie que je retrouve mes amis les Lombards. Je les avais laissés à Salerne, au moment où les Normands apparaissent et vont essayer le royaume que les Lombards ne savent décidément pas constituer. A ce moment, fin du xe siècle, c'est le prince de Capoue qui est tout-puissant parmi eux. La situation privilégiée de son territoire, privilégiée autant au point de vue politique qu'au point de vue naturel, rend le petit-fils de Tête-de-Fer, Paldolf-III, prépondérant dans l'Italie méridionale. Lorsque Melo, fuyant Bari après un premier essai, avorté, de révolte, cherche un refuge, c'est à Capoue, tout naturellement, qu'il le trouve. Il y rencontre les bandes normandes que Paldolf a engagées à son service pour repousser les Sarrasins. Pour le moment les Sarrasins sont tranquilles. Les Normands, eux, sont turbulents. Si on les occupait un peu ? Contre qui ? Eh ! contre les Grecs ! Le bénéfice sera double. Et Melo est autorisé à emmener les bandes mercenaires. Elles reviennent bientôt, décimées. La bataille du Fortore n'a pas été heureuse. Les Lombards ne sont plus fiers. Byzance leur pardonnera-t-elle ce secours donné à Melo ? Il n'y a qu'un moyen de se le faire pardonner : la trahison. Capoue livre à Byzance le frère de Melo, qui est noyé à Bari, et elle reconnaît la suprématie de Byzance. Toute l'œuvre de Tête-de-Fer est anéantie. Et sans nécessité. Car Byzance a besoin des Lombards, qui peuvent être de si bons gardiens des frontières. Un frère de Paldolf, en plus, n'est-il pas abbé de Mont Cassin, c'est-à-dire qu'il tient les clefs de tous les trésors ? Se soumettre avec tant de platitude à Constantinople, c'est rendre la situation intenable à l'empereur, dont les droits sont méconnus et les revenus diminués. Henri II descend et met le siège devant Capoue, tandis que l'abbé de Mont Cassin s'enfuit avec ses trésors jusqu'à Constantinople, où il meurt en arrivant.

Paldolf, cependant, est fait prisonnier et traîné aux pieds de Henri II, qui le charge de chaînes et l'envoie en Allemagne, nomme Paldolf de Teano prince de Capoue, et installe une de ses créatures comme abbé de Mont Cassin. C'était l'époque où l'empereur nommait les papes, comme des préfets; il pouvait bien nommer les abbés. Et voilà Mont Cassin, ses territoires, ses richesses et son influence, au service de l'empire, ainsi que la force lombarde. Heureusement que l'empereur est faible, en réalité. S'il reste en Allemagne, l'Italie se moque de lui. S'il descend en Italie, l'Allemagne s'agite. Il lui faut éternellement courir d'un bout à l'autre de son empire. Et, à peine a-t-il le dos tourné qu'on lui tire la langue. Lorsqu'il meurt, son successeur est obligé de tout recommencer. Et c'est ainsi que, à la mort d'Henri II, Paldolf est délivré, grâce aux bons offices, d'ailleurs, de son beau-frère Guaimar de Salerne. Avec l'aide du catépan, Paldolf reprend Capoue, et, fou d'orgueil, il veut conquérir Naples. Le duc de Naples, au lieu de se fâcher, négocie, et, tandis qu'on discute, il détourne une partie des Normands de Capoue et les installe à Aversa, pour toute résistance. Paldolf comprend l'avertissement — et se venge sur Gaëte, grecque comme Naples. Le coup est double. Être maître de Gaëte, c'est être maître aussi de la vallée du Garigliano-Liris, c'est-à-dire de Mont Cassin qui est toujours gouverné par l'abbé impérial. Paldolf ne peut laisser un état militaire aussi fort que l'abbaye de Mont Cassin dans la main de l'empereur et du pape, du pape agent politique de l'empereur. Sous un prétexte habile, il attire l'abbé à Capoue et l'y retient. Puis il se fait prêter serment par les habitants du territoire abbatial, installe au couvent une garnison de Normands, et en nomme prieur un Grec à sa dévotion, le Calabrais Basile, qui, à la mort de l'abbé de l'empereur, devient abbé.

Paldolf pourrait désormais se tenir tranquille, attendre tout au moins le règlement de ses comptes avec l'empereur, et, en prévision, s'assurer des appuis. Sage, il serait le seul de sa race à l'être. Son premier soin, en effet, est de se dire que Bénévent et Salerne feraient bien son affaire : ne faut-il pas donner du travail aux Normands, qui coûtent cher dans la paix ? Guaimar V, neveu de Paldolf, s'indigne justement, mais maladroitement. Il aide l'empereur Conrad II, à écraser Paldolf. L'empereur dépose Paldolf, donne ses états à Guaimar de Salerne, qui en est investi directement, donc devient lige de l'empire, tandis qu'un moine allemand, Richer, est nommé abbé de Mont Cassin, et que les Normands d'Aversa se voient confirmer leur ville par l'empereur, et donc deviennent, eux aussi, sujets directs de l'empire. Sauf cette naissante puissance, il n'y a rien de changé. On dit Salerne au lieu de Capoue, et c'est tout. Le même esprit anime Guaimar que de Paldolf. Et Guaimar, lorsqu'il voit les progrès des Normands en Pouille, lorsqu'il est obligé d'investir ces mercenaires de son père de douze comtés, sous l'autorité de l'un d'eux, Guillaume-Bras-de-Fer, Guaimar ne pense qu'à leur procurer de nouvelles conquêtes dont, dans son idée, ils lui feront hommage ; ils paieront tribut. En 1043, il les lance sur la Calabre où Guiscard, dans deux ans, va venir s'illustrer. Paldolf, cependant, revient d'exil, l'empereur descend ; Paldolf est remis en possesssion de ses états, Guaimar est réduit à sa portion, trois papes sont successivement chassés par l'empereur qui ne les trouve pas à sa convenance, Clément II est enfin agréé — c'est une cacaphonie abominable, de laquelle il ne sort qu'un son un peu clair, le mariage de la fille de Guaimar de Salerne, avec Drogon, chef des Normands d'Apulie ; ce son est un glas.

La puissance des Normands devient considérable. Si considérable que le pape veut profiter du mécontentement que soulèvent leurs conquêtes, et leurs cruautés et exactions. Il fédère toutes les inquiétudes et toutes les haines. A ce moment, les Lombards pourraient encore se sauver, s'ils savaient rester unis. Mais si les Bénéventins se donnent au pape, Capoue et Salerne continuent à se chamailler. Guaimar de Salerne est victime d'un complot; son fils Gisulf lui succède, et Amalfi profite de cette révolution pour reprendre sa liberté. Léon IX, cependant, marche sus aux Normands qui le battent, se jettent à ses pieds — mais le gardent prisonnier. Léon n'insiste pas et passe du côté du manche, que tient maintenant Robert Guiscard, successeur de son frère en qualité de comte principal des Normands. Morceau par morceau, le royaume des Lombards tombe aux mains des Normands, qui jettent maintenant les yeux sur Mont Cassin, porte de la Campanie. Et le moyen d'avoir Mont Cassin, c'est d'abord de prendre Capoue. En effet, un prince de la maison de Capoue, branche de Bénévent, est abbé de Mont Cassin, Desiderius ou Didier. Les Normands d'Aversa prennent Capoue pendant que Guiscard se rend en Sicile. A son tour, le Lombard Didier fait comme Léon IX. Il passe à l'ennemi et s'entend avec Guiscard. Il persuade au pape Nicolas II, et au conseiller de celui-ci, Hildebrand, d'en faire autant. On se réunit à Melfi, où les Normands sont investis, Richard d'Aversa, de la Campanie, c'est-à-dire du domaine lombard, Robert Guiscard, de l'Apulie et de la Calabre, c'est-à-dire du domaine grec. Guiscard n'est pas content de ce partage. Il lui faut tout et il le prend. Il épouse Siguelgaita, la sœur de Gisulf de Salerne, et, en 1076, il entre à Salerne, désormais maître du royaume lombard tout entier. Capoue disparaît de l'histoire. Frédéric II lui rendra seul un passager prestige.

Pendant ce temps, le Lombard Desiderius ou Didier, « abbé de Mont Cassin, patriarche de la sainte religion, chancelier et grand chapelain de l'empire romain, abbé des abbés, chef de la hiérarchie bénédictine, chancelier et collatéral du royaume de Sicile, comte et gouverneur de la Campanie, de la Terre de Labour et de la province Maritime, prince de la paix », Desiderius prépare son élection à la papauté et exhale dans le monastère de saint Benoît le dernier soupir de la civilisation lombarde. L'œuvre artistique de Mont Cassin, sous l'inspiration de Desiderius, sera considérable elle nous dira ce que, avec un peu plus de méthode et de sagesse, les Lombards auraient pu devenir dans l'Italie qui se cherchait. Comme les Goths, ils disparurent pour avoir manqué de discipline. Ils ne périrent pas du moins tout entiers, comme périrent le Goths. Mont Cassin est toujours là pour témoigner de leur ardeur et de leur mérite. J'irai demain.

XIII

LE CRI DE GŒTHE

Mont Cassin.

Au terme de ce long voyage accompli presque tout entier en terre fertilisée de sang français, mon dernier pas franchit le Garigliano où se termina, en 1503, la grande aventure qui se déroulait depuis Pépin, depuis huit cents ans. Gonzalve de Cordoue chassa définitivement les Francs de la terre latine; la défaite éprouvée sur les bords de l'antique Liris ne sera jamais réparée ; Marignan restera tout sentimental. Et nous répétons, nous tous de France, qui sautons les vénérables eaux, la lamentation de Brantôme : « Hélas ! j'ai vu ces lieux-là, même le Gariglion. C'était à soleil couchant que les ombres et les mânes commencent à apparoître, comme phantosmes, plutost qu'aux autres heures du jour : il me sembloit que les âmes généreuses de nos braves François là-morts, s'eslevoient sur la terre, me parloient et quasi me respondoient, se plaiglant de leurs combats et de leur mort ». Combien de ces soupirs n'ai-je pas entendu, d'accent aussi familier, depuis tant d'années, que, moi aussi, je « descends » en Italie ! Pas plus que mes pères, je ne puis me résigner au départ définitif. Je reviendrai encore, je reviendrai toujours. Et si, cette fois, je choisis Mont Cassin pour l'adieu, c'est qu'il est vraiment trop haut perché pour qu'on puisse me laisser là... Il faudra bien que nous en revenions ; et nous repartirons pour de nouvelles chevauchées.

Montons sur la montagne sainte. Le couvent a renoncé au service des mules, qui, de la ville de Cassino, portaient autrefois les voyageurs jusqu'à l'abbaye. Le vetturino laisse à chacun sa liberté. Inutile aussi de prendre langue à Cassino. L'abbé, qui, au XVIIIe siècle, résidait à la ville, a regagné depuis longtemps les hauteurs où il vous reçoit avec aménité. Bien des choses ont changé dans la célèbre abbaye, depuis les temps où elle était le siège d'un véritable royaume temporel, le royaume bénédictin. Reste immuable l'accueil, qui est celui rencontré autrefois à toute porte châtelaine. Les belles histoires de l'inconnu frappant à la poterne, et introduit comme l'envoyé de

Dieu, se renouvellent chaque jour, à Mont Cassin. Les moines et les seigneurs gardaient les mœurs homériques ; chaque passant était Ulysse arrivant au palais d'Alcinoüs. A Mont Cassin, il l'est encore aujourd'hui. Et la seule indiscrétion que l'on se permette est de vous demander votre nationalité, afin de mettre, tout à l'heure, à votre disposition, lorsque vous serez rassasié, le Père français ou allemand qui vous conduira. Des temps royaux, où l'abbé avait une garde de cavaliers vêtus de soie, Mont Cassin conserve l'hospitalité ; il conserve aussi l'allure. Non point seulement celle que lui donne, incomparable de majesté, sa posture sur la pointe de ces roches, à cinq cents mètres au-dessus d'une des plus merveilleuses vallées d'Italie, mais aussi celle de ses hôtes, ces moines grands seigneurs pleins d'une grâce fière, d'une urbanité parfaite et qui garde le mystère de son âme. Des sourires prévenants, une table délicate sans raffinements, des soins vigilants, des attentions. Tout cela dans la distance, une distance si finement gardée qu'elle apparaît la plus polie des réserves. Ainsi devait recevoir ses hôtes le grand Desiderius, et Richerius qui eut la gloire de résister aux Normands, et Aligernus qui releva Mont Cassin des cendres allumées par les Sarrasins, Pétronax qui conduisit à Rome les moines fuyant les Lombards, ces abbés enfin que Capoue nous a fait connaître, véritables princes séculiers dont l'épée était redoutée et dont on se disputait la protection et l'amitié.

Depuis Salerne, je vis trop avec ces seigneurs abbés pour ne pas les voir à toutes les fenêtres du monument, vers lequel le petit cavallo pomponné de rouge me tire à plein collier. L'histoire de Mont Cassin exhale un parfum héroïque qui ajoute encore à la beauté du site, à l'éclat du roc altier, à la vigueur des bois et à la générosité de la plaine. L'Italie est fertile en montagnes couronnées. Cette montagne-ci est encore plus éperdue que les autres. Lorsque saint Benoit, fuyant la mollesse de Subiaco, choisit ce nid d'aigle, il se crut assuré contre toute distraction. Il ne pouvait prévoir les temps guerriers qui feraient de ce pic, au-dessus des plus riches campagnes, de ce Liris dont la vallée était le passage nécessaire aux armées, un poste de premier ordre. Tous les envahisseurs se jetèrent dessus, et les Lombards le gardèrent mieux que tous les autres. Lorsqu'ils succombèrent, Desiderius, des princes de Capoue, prolongea du moins, à Mont Cassin, la civilisation de sa race, par une école artistique qui reste l'un des plus beaux phénomènes de l'art. La basilique qu'il y éleva « fut consacrée par le pape lui-même, entouré de sept princes, cinq cardinaux, quarante-huit évêques et plusieurs milliers de moines ». Voilà ce qu'était devenue la retraite de Benoît, un État qui s'étendait de l'une à l'autre mer, et qui, lorsqu'il eut perdu, lors des Normands et de Frédéric II, son pouvoir séculier, garda le plus fier prestige grâce à ses souvenirs, qui l'auréolent encore aujourd'hui. Mais n'est-ce pas la suprême gloire qui entoure son front d'avoir persévéré, lors du Risorgimento, dans la voie tracée par les grands abbés, qui voulaient, eux aussi, une Italie autonome? Au-dessous de l'abbaye florissante; une vieille forteresse en ruine nous dit la victoire bénédictine, la victoire nationale.

Hélas ! les antiques témoignages ne sont plus. L'art inventé à Mont Cassin par Desiderius, nous en sommes réduits à le chercher épars dans les villes où il essaima, et où il n'a laissé que de maigres restes. Les pierres mêmes qui l'enfantèrent sont tombées en poussière. Le noble et fier monument d'aujourd'hui ne contient rien qui soit antérieur au XVIe siècle. Et c'est aux livres, aux recherches patientes et aux synthèses des savants, qu'il nous faut demander ce qu'était cet art de Mont Cassin, dont l'influence anonyme, se rencontre, disent-ils, dans toute l'Italie. A Bari, j'ai vu moi-même l'un des exemplaires de cet art, rouleau de l'*Exultet*, et, depuis lors j'ai béni vingt fois, vingt fois de plus, mon guide, M. Émile Bertaux, dont l'ouvrage, *L'Art dans l'Italie Méridionale*, m'a permis de goûter sciemment la merveilleuse histoire de Desiderius qui, abbé, résolut de remplacer la grandeur laïque, à laquelle il renonçait si allègrement à Melfi au nom des siens, par la grandeur de Dieu que l'art devait proclamer. Si, cependant, j'ai bien compris M. Émile Bertaux, et si j'ai été profondément touché par la beauté de l'*Exultet* et par les mosaïques des églises bénédictines de l'Italie méridionale, ou par les œuvres qui s'inspirent d'elles, si je m'incline devant l'effort incontestable de Desiderius, je ne puis pas ne pas croire qu'il y eut entre l'art de Mont Cassin et celui des Normands, non pas une ressemblance technique, mais une même manière d'inspiration, qui m'empêche d'accorder au premier, pas plus que M. Émile Bertaux ne l'accorde au second, le bénéfice du génie inventif. Les documents manquent, sans doute. Ceux qui restent ne peuvent me convaincre. Au contraire. Qui donc, en effet, travailla à

Mont Cassin? Des Grecs, comme à Palerme. Et si, ainsi qu'en Sicile pour le compte des Normands, des indigènes collaborèrent, ce fut sous la direction grecque, sans qu'il leur fût permis de se livrer à leur génie. Il y eut, dira-t-on, des artistes locaux qui ne copiaient pas Byzance. Mais ils copiaient Rome qui l'avait copiée. Et si l'on cherche une autre source, c'est l'architecture romane que l'on rencontre, sans parler des dépouilles antiques que Desiderius ne se priva pas d'arracher à Rome pour embellir son abbaye. Enfin, nous l'avons appris à Capoue, Mont Cassin fut trop longtemps sous la domination germanique pour que l'Allemagne moderne n'ait pas réclamé ; elle veut que « l'art pictural de Mont Cassin soit carolingien-othonien ». Aucune « peinture » ne subsiste pour le prouver. Si je pouvais comparer, je dirais presque que l'école de Mont Cassin, c'est quelque chose, à peu près, comme notre école de Bourgogne où se voit de tout, sauf quelque chose qui soit bourguignon, c'est-à-dire possédant ce qu'il faut de caractère personnel pour constituer une école. Mais cette école de Bourgogne a des amis exigeants et terribles... Je suis plus brave devant les morts. Et ce dont je suis bien sûr, c'est de la personnalité beaucoup plus forte des Normands, qui, des arts roman, byzantin et arabe tirèrent un idéal formé de ces éléments, mais un idéal qui s'exprima librement, particulièment, qui sut s'exprimer, enfin, à sa façon, s'il apprit à parler dans de vieux livres.

Ce qui est incontestable, en tout cas, c'est que Mont Cassin fut un atelier — plus qu'un foyer — d'art considérable. A la même époque, les Normands s'émancipaient aussi, et plus virilement; mais Mont Cassin eut la gloire de conserver dans l'Italie abandonnée par les héritiers de la puissance lombarde, de conserver le flambeau et d'en entretenir la flamme S'il est vrai que ce soient des artistes de Mont Cassin qui, à Rome, décorèrent Saint Clément et dont, pour quelques bons esprits, Cimabue fut le continuateur, que d'hommages ne devons-nous pas à cette montagne deux fois sacrée ?

Je les lui rends en franchissant le seuil du couvent où je vais, je le sais, oublier ce labeur. Dans ces murs, sous ces nobles portiques des cours, qui font par surcroît de Mont Cassin l'un des plus beaux monuments de la Renaissance italienne, je ne rencontrerai que celle-ci, et le XVIIe siècle. Bramante est-il véritablement l'auteur de ces cours si bien étagées, distribuées autour d'un puits ? Bramante, c'est un peu comme les Hohenstaufen. Chaque fois que Baedeker rencontre une ruine de château fort, il la qualifie « du temps des Hohenstaufen ». L'Allemand en voyage — et aussi l'Anglais et le Français — prennent ainsi de la puissance germanique une impressionnante idée. Tant de rouerie habite-t-elle l'âme d'un guide ? Faisons donc la part des précisions nécessaires au voyageur qui veut être fixé. Bramante répond à cette dernière préoccupation. Des noms ! des noms ! Notre siècle aime les œuvres signées, afin de ne pas se tromper. Disons que les portiques de Mont Cassin sont de Bramante, puisqu'ils sont dignes de lui par leur classicisme dans l'audace. Enchevêtrés, superposés, utilisant à miracle un terrain abrupt, ils restent purs dans leurs lignes nettes; ils gardent cette mesure et cette grâce suprême devant laquelle Michel Ange lui-même s'inclinait, en dépit de sa vigueur et de ses brusques élans. Et, gravissant les degrés que les portiques flanquent, regardant avec respect la porte de bronze, forgée pour Desiderius, et que les inscriptions mémorables qui la couvrent ont seules préservée du sort commun, je suis entré dans l'église dont, longtemps, les moines furent si fiers et dont ils commencent, j'imagine, à rougir un peu aujourd'hui.

C'est devenu un refrain de mes voyages que

la malédiction baroque. Cet art fut avant tout sauvage. Non content de briller, il lui fallait détruire. Combien de fois, cette année, me suis-je abstenu de m'exclamer ! Il m'aurait fallu le faire à chaque page. Nulle part, le baroque n'a sévi comme en Italie méridionale. On lui avait pourtant abandonné une ville entière, Lecce ! Il l'a prise, et les autres par surcroît. Les sanctuaires les plus sacrés, comme Saint Nicolas de Bari, n'ont même pas été respectés. La basilique de Tarente elle-même, saccagée. Et Salerne, et ce bijou d'Amalfi. Quant à Naples, le cyclone y a passé ; on ne voit rien qui date d'avant l'an 1650, à peu près. Pour être grimpé jusqu'ici, ne fallait-il pas, d'ailleurs, au baroque une intrépidité sans seconde ? Tout protégeait Mont Cassin : sa posture et sa gloire. Rien n'a arrêté le dévastateur. Il est entré, et c'est lui qui me reçoit là où s'élevait la basilique rivale de celles de Rome, la basilique de Desiderius, que consacrèrent tant de princes, d'évêques et de cardinaux. Ce qu'elle offre à regarder, on le sait. Toujours la même profusion de marbres multicolores, de découpures, de piliers énormes qui portent de minuscules coupoles ou inversement, de jambages la tête en bas, de pinacles couchés, — tout ce que la vanité la plus vulgaire peut inventer de plus ridicule. Il m'a paru, pourtant, que cette église-ci est surtout inexcusable de s'apparenter à cet art-là. Car, à y regarder de près, peut-être trouverait-on dans ses allures, une certaine discrétion. Mais combien relative, et simplement parce que je me souviens de Parme, de Modène et de Lecce ! Non, ne soyons pas apitoyés ! C'est la tristesse même de voir cela, ici, de voir, sur la montagne où toute une tradition d'art fut maintenue, de voir tant de déchéance et de décrépitude.

Ainsi rêvais-je, tandis que le Père m'entraînait vers la crypte et vers la torretta. La torretta, c'est proprement le cœur même de l'abbaye ; c'est la maison construite, si ce n'est elle-même, à la place de celle de saint Benoît, vers 530. On voit en elle le couvent primitif, la cellule du saint homme et celle de sa sœur. On s'explique, à la rigueur, qu'elle ait été respectée par les Lombards et par les Normands, si l'on ne comprend guère la modération des Sarrasins envers cette seule partie du couvent. Mais si elle résista au baroque, est-il surprenant qu'elle ait fait, auparavant, reculer les Sarrasins ? Deux étages de chambres voûtées, de petites chambres sombres et silencieuses, où j'ai goûté la joie de voir le Mont

Cassin du XXe siècle reprendre tout entière la tradition du grand Desiderius ou Didier. Dans la torretta et dans la crypte ce n'est rien moins qu'à la résurrection d'un art cassinien que j'ai assisté ; comme au XIe siècle, à la puissance séculière a succédé la maîtrise artistique, et le moins frappant pour nous n'est pas de voir l'essor moderne imiter l'essor ancien jusque dans ses timidités.

En effet, je reprochais tout à l'heure à l'art de Mont Cassin d'avoir pris de toute main, d'avoir cherché chez les autres peuples des modèles qu'il a suivis trop servilement, au lieu de s'en inspirer seulement, ainsi que firent les Normands. Et l'art moderne de Mont Cassin, lui aussi, vient de l'étranger. C'est l'école de Beuron. De même que Desiderius alla chercher des artistes à Byzance, de même l'abbé Krug alla chercher le Père Lenz en Allemagne. L'école de Mont Cassin, si elle est bénédictine, n'est pas cassinienne à proprement parler, et je crois bien avoir enfin trouvé dans sa technique la même prudence que dans celle des artistes de Didier. Je ne vois pas que le voyage de Beuron à Mont Cassin ait rien appris à Dom Lenz — et sur sa route, il y avait Venise, Ravenne et Rome ! Cette légère réserve faite, et qui porte seulement sur les origines, disons bien vite que Mont Cassin reste du moins ce qu'il fut, un brillant atelier d'art. Et même, Beuron ayant émigré ici, nous pouvons dire, cette fois, qu'il est un foyer. Il dépend exclusivement de nous qu'il rayonne comme rayonna le foyer d'autrefois. De l'école de Beuron, devenue celle de Mont Cassin, peut, en effet, si on le veut, si on sait comprendre, sortir une sorte de renouvellement de la peinture décorative religieuse — et pourquoi pas profane aussi ? Les principes adoptés par Dom Lenz doivent, je le sais et je l'ai éprouvé tout d'abord, surprendre nos modernes que Puvis de Chavannes a conquis et entraînés après lui. L'école giottesque de Puvis de Chavannes a retrouvé le célèbre *soave austero* des grands Toscans, cette gravité caressante qui convient si bien aux décors monumentaux. Mais de même que Florence ne limita pas son effort décoratif à cette forme claire, si profonde et si pure, de même que Florence, à côté de Giotto, nous montre les Lippi et Ghirlandajo, de même à côté de Chavannes pouvons-nous peut-être trouver une peinture murale plus colorée et plus abondante, se rapprochant en somme davantage de la tapisserie et de la mosaïque, les deux grands arts des surfaces.

Les deux étages de la torretta et de la crypte de l'église, ont été couverts de fresques ainsi comprises. La vie de saint Benoît, les événements mémorables et familiers qui se déroulèrent sur les ruines du temple d'Apollon où Benoît édifia sa cellule, sont retracés d'un dessin très ferme, très net, de contours étroitement délimités et d'une sobriété sans sécheresse. Les personnages se présentent en « à plats », sans relief, comme collés à la muraille ; ils ne tournent pas ; non plus le paysage ni les objets. La netteté est extrême, et la variété n'y perd rien. Ces scènes de vie suprise, Benoît jardinier, Benoît maçon, Benoît guérissant les malades, offrent des attitudes diverses qui sont d'une vérité dans les gestes où il n'y a rien à reprendre. Certaines tuniques ont la souplesse des plus beaux reliefs antiques et leur réalité. Par ceci, peut-être, l'école de Mont Cassin renoue la chaîne antique. Les poses, dans les scènes saintes, l'Adoration de la Vierge, le Crucifiement, tiennent du même idéal, mais épuré encore ; les corps sont plus élancés, les gestes plus graciles, et les arbres et les sièges sont des trônes véritables de la divinité. Quant aux figures, leur expression est obtenue avec le minimum de traits. Et c'est miracle, vraiment, de voir ces visages de saintes aussi mortellement belles, de femmes véritables créatures de beauté terrestre, respirer semblable pureté divine. Il y a dans cette conception de la beauté très humaine, rendue céleste justement par l'absence de relief, une idée très subtile et féconde pour la peinture religieuse. Les Lippi, Ghirlandajo, Pinturichio, Rosselli, Signorelli, Raphaël et Michel Angè étaient des païens. A Mont Cassin on est religieux, au point de n'avoir pas craint de demander à l'Égypte son hiératisme. Et cela, enfin, dans la gamme de couleurs la plus vive et la plus chantante qui soit. Or, bleu profond, rouge cramoisi, jaune ardent, vert des forêts de printemps, tout ce que la palette offre de couleurs vives précise les fonds, les vêtements et les meubles. C'est une richesse conçue avec la plus audacieuse et la plus juste entente de ces caveaux que sont, un peu, les chambres de la torretta et la crypte. Sous ces voûtes basses et entre ces murs étroits, les tons rivalisent de fermeté et de chaleur. Ils s'opposent crûment et sans dureté pourtant. L'ombre douce qui tombe des fenêtres fond leurs contrastes, se riant, non pas peut-être des valeurs, assurément des heurts.

Les peintres que l'art décoratif appelle à lui, doivent venir à Mont Cassin. S'ils savent, non pas copier, mais s'inspirer, s'ils comprennent, en un mot, ils trouveront ici de quoi tenter un effort personnel et nouveau, grâce à l'essor donné par cet art qui tient à la fois de la fresque, de la mosaïque, de la tapisserie et du vitrail. Les sculpteurs aussi, qui trouveront dans la crypte des modèles de dessins au ciseau. Car ce ne sont pas, au terme propre du mot, des sculptures que ces lambris. Sur les larges et hautes plaques de porphyre, les personnages ont été traités comme ceux des peintures, au trait à peine appuyé, les contours délimités, dirait-on, au simple crayon. Rappelez-vous, à Saint Pierre de Rome, le tombeau des Stuarts, par Canova, ces figures si frêles, sortant à peine du marbre. Vous les retrouverez ici, avec moins de largeur et moins de relief encore. Les ombres sont obtenues, en effet, non pas en accusant le modelé des lignes, mais simplement en dégradant les fonds. De telle sorte que les personnages sortent réellement du marbre, au lieu d'y paraître artificiellement fixés. Et la même vie, pourtant, les anime que s'ils tournaient dans la lumière. Exécutés dans le même esprit que les fresques, ces reliefs ont, eux aussi, une allure hiératique ; de toutes parts, ils tiennent au même idéal que les peintures ; et cet idéal, si précis et si violent, quelquefois, qu'il soit, lorsque la couleur intervient, reste extrêmement pur, céleste, divin. L'œuvre picturale et architecturale est une. Dom Lenz y a, enfin, ajouté la mosaïque, de même caractère et de mêmes effets. Le chœur de la crypte est couvert de ces mosaïques qui rappellent, sans les copier en rien, les œuvres byzantines importées ici par Desiderius. Tandis que je les examinais et m'efforçais d'en préciser les effets, le gentilhomme bénédictin, qui m'accompagnait, m'interrogea. Et je lui dis, essayant de traduire avec réserve, mon impression d'une certaine dureté :

— Cette abside me confirme dans mon sentiment que la mosaïque a besoin d'obscurité. La grande lumière déplaît à ses scintillements et à ses découpures. Il lui faut de l'ombre pour fondre ses aspérités et unifier ses teintes. Lorsque vous aurez placé les vitraux qui manquent, je ne doute pas que cette œuvre ne produise tout l'effet qu'elle doit produire.

Dom X... sourit avec indulgence, et me répondit par cet apologue :

— Dernièrement, nous demandions à notre abbé vénéré, de quelle lumière nous devrions éclairer cette crypte, le cierge traditionnel, les gaz divers, ou l'électricité. Et Sa Grandeur murmura : La lumière est la dernière chose dont nous ayons à nous préoccuper.

Pour les âmes élevées, la lumière vient de Dieu ; et je m'abîmai en humilité. Ah ! Gœthe, Gœthe, avec ton cri d'orgueil à ton lit de mort, quelle leçon t'est donnée par tes frères allemands sur cette colline cassinienne ! De la lumière ! rageait le dernier soupir de Faust. A Mont Cassin, on l'attend de celui qui la distribue aux fidèles. Pour nous, qui ne savons plus la lui demander, rappelons-nous du moins que, sur cette terre d'Italie, Dieu la répandit à foison.

Elle est partout sur ces murs vibrants, dans ces peintures rayonnantes comme dans ces marbres pâles, et en voici une qui se fait pour moi dans mon amour du beau, sous quelque forme que la beauté se présente à mes yeux. Aimons, jouissons des formes et des couleurs. Le frisson ressenti est encore un hommage que nous rendons à celui qu'adorent les fils de Benoît, au mystère insondable de la vie et de la mort.

Ainsi travaille dans la paix, et presque dans l'ignorance du monde, sur la haute montagne, tout un peuple d'artisans que conduit un véritable artiste. A côté de Dom Lenz, par surcroît, un Français, Dom Latil, dirige un atelier de lithographes qui continue la tradition à laquelle nous devons les miniatures célèbres de l'abbaye, et ces rouleaux de l'*Exultet*, l'un des plus grands monuments d'art du Moyen Age, grâce auxquels le flambeau ne s'éteignit pas.

Les Pères d'aujourd'hui, comme fit Didier après la ruine lombarde, trouvent dans l'art une raison de gloire nouvelle et une perpétuité. Quel est son avenir ? Je ne sais. Il me semble bien, pourtant, que de Mont Cassin doivent sortir des formules neuves. On a essayé là quelque chose de nouveau qui, grâce au mérite dont je crois être sûr, ne peut périr.

Et c'est, au moment où je repasse le seuil hospitalier, ayant terminé cette longue traverse, au moment où je me dirige encore une fois vers la Rome maternelle, pour me plonger encore une fois dans l'héroïque passé, c'est d'un joyeux salut que je dis adieu à Mont Cassin.

Les trônes peuvent s'effondrer. L'art survit à tout. Ne désespérons jamais des hommes. Ils ont toutes les misères. Ils ont aussi toutes les vertus. Des plus épaisses ténèbres jaillit le jour. Une Rome nouvelle est sortie du tombeau où la vieille Rome pourrissait. Un art nouveau se prépare dans l'abbaye qui semblait ne plus mener qu'une existence de mémoire. Partout éclate la sève. Respectueux du passé, fidèles à nos pères, ne craignons pas d'être nous-mêmes. Travaillons — et le résultat, comme la lumière, c'est Dieu qui nous le dispensera.

TABLE DES MATIÈRES

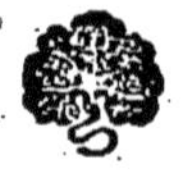

CHARTRES. — IMPRIMERIE DURAND, RUE FULBERT.

www.ingramcontent.com/pod-product-compliance
Ingram Content Group UK Ltd.
Pitfield, Milton Keynes, MK11 3LW, UK
UKHW022006170726
13837UKWH00001B/21

9 782019 940089